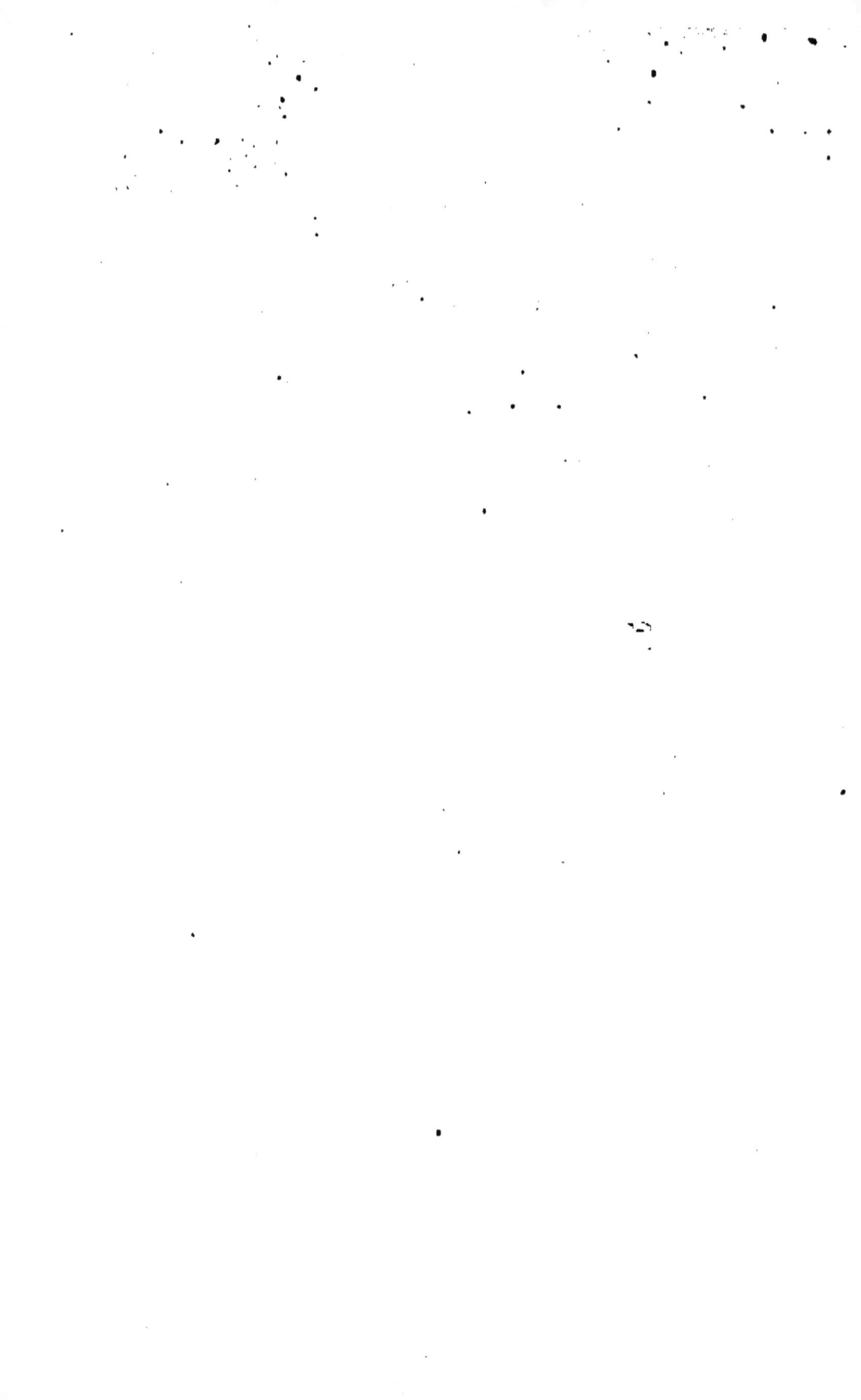

FACULTÉ DE DROIT DE PARIS.

DISSERTATION

SUR

L'INALIÉNABILITÉ DE LA DOT,

THÈSE POUR LE DOCTORAT.

L'acte public sur les matières ci-après sera soutenu,
le jeudi 8 février 1855, à huit heures et demie,

Par H. MOURRE, né à Paris,

Avocat à la Cour impériale.

Président : M. OUDOT, professeur.

SUFFRAGANTS :	MM. DEMANTE, PELLAT,	Professeurs.
	DEMANGEAT, RATAUD,	Suppléants.

*Le Candidat répondra en outre aux questions qui lui seront
faites sur les autres matières de l'enseignement.*

PARIS,

VINCHON, FILS ET SUCCESSEUR DE Mme Ve BALLARD,
IMPRIMEUR DE LA FACULTÉ DE DROIT,
Rue Jean-Jacques Rousseau, 8.

1855.

435

40331

©

DROIT ROMAIN.

DU FONDS DOTAL.

Le régime du droit romain sur la dot n'est arrivé à son complet développement que fort tard et par des gradations successives. Si nous remontons vers les premiers temps de Rome, nous trouvons le mariage en harmonie avec le principe sur lequel repose la constitution de la famille romaine, c'est-à-dire l'unité du pouvoir domestique et la souveraine puissance du *paterfamilias*. Le mariage est accompagné de la *manus*, et fait sortir la femme de sa famille naturelle. L'épouse est mise au nombre des propres enfants du mari, qui jouit d'un droit absolu sur sa personne et sur ses biens.

Dans l'origine, la *manus* s'acquérait de trois manières : par l'usage, la *coemptio* et la *con-*

farrealio. La loi des Douze-Tables donnait au mari la faculté d'usucaper sa femme comme une chose, et de la mettre sous sa puissance par la possession continuée pendant un an. La femme pouvait interrompre cette usucapion par une absence de trois nuits du domicile conjugal. Mais ce vestige d'un droit brutal et matériel ne subsista pas longtemps, et les lois abolirent un usage qui n'était plus dans les mœurs (1).

Dès lors la *manus* ne fut plus la conséquence presque inséparable du mariage, qui devint une association libre entre les époux, lorsqu'il n'avait pas été revêtu des formalités de la *coemptio* ou de la *confarreatio* (2). La femme, qui ne prend plus le titre de *materfamilias* comme dans la première union, mais celui d'*uxor* ou de *matrona* (3), reste indépendante à l'égard du mari; elle conserve sa famille, son patrimoine, et ne relève que de son père ou de ses agnats.

Plus tard, nous voyons la *coemptio* et la *confarreatio* disparaître à leur tour comme l'usu-

---

(1) Gaïus, C. 1, § 110-113.

(2) A Rome, le mariage ne pouvait se contracter par le simple consentement; il était au nombre des contrats réels, et n'existait que par la tradition de la femme au mari (V. M. Ortolan, *Thémis*, 1831; Inst., lib. 1, tit. x, de nuptiis).

(3) Cicéron, Tr... 3.

capion de la femme, et le mariage accompagné
de la *manus* tomber en désuétude.

Le mariage accompagné de la *manus* finit lui-
même par tomber en désuétude. C'est à cette
époque que se rattache la naissance de la dot.

Il ne pouvait en effet être question de dot
dans une union où tous les biens de la femme
passaient au mari; mais lorsque le mariage fut
dégagé des entraves de la *manus*, la femme, res-
tant maîtresse de sa fortune, fut dans la nécessité d'apporter à son mari de quoi subvenir aux
besoins du ménage dont elle allait augmenter les charges. L'usage de la dot, emprunté aux institutions de la Grèce (1), s'établit donc à Rome par suite du progrès naturel
des mœurs. Voici la dot instituée; mais s'il y
eut une dot dès cette époque, il n'y a pas encore de régime dotal. Le régime dotal, en effet, consiste tout entier dans les mesures prescrites par la loi pour assurer à la femme la conservation de sa dot. Or, par une imitation
de la *manus*, qui était pour le mari un titre universel d'acquisition, l'apport dotal lui trans-
mettait irrévocablement la propriété d'une dot,
qui se confondait avec ses biens, quelle que fût
la cause par laquelle le mariage vint à se dis-

---

(1) V. le discours de Caton dans Tite-Live, liv. 34; Festus IV, in
v° Dos: Dote manifestum est ex Græco esse, nam δὸς×τ dicitur apud eos
dare. — Le mot *paraphernalia* est aussi évidemment grec. Leg. 9, § 5,
de jure dotium. D.

soudre. « *Dotis causa*, dit le jurisconsulte Paul, *perpetua est ; et cum voto ejus, qui dat, ita contrahitur ut semper apud maritum remaneat.* » (L. 1, ff., *de jure dotium.*)

Aulu-Gelle (4-3) nous apprend positivement que, pendant cinq siècles, les Romains ne connurent pas les actions en restitution de dot ; elles ne s'introduisirent dans le droit que par suite des progrès du divorce. Durant un long espace de temps, le divorce fut presque inconnu à Rome ; d'après une ancienne loi de Romulus, le mari seul pouvait répudier sa femme dans certains cas de haute gravité. Servius Sulpicius, dans son livre sur la dot, raconte, d'après Aulu-Gelle, que Carvilius Ruga fut le premier qui usa de ce droit en 529 (1). Mais bientôt le relâchement des mœurs multiplia les divorces d'une manière effrayante, et l'exemple de Carvilius Ruga trouva un grand nombre d'imitateurs. Comme d'après la loi de Romulus, le mari, tout en répudiant sa femme, gardait ses biens, les femmes furent victimes de la cupidité de leurs maris. C'est alors que naquirent les actions en restitution de dot. Les jurisconsultes vinrent au secours de la femme, et pour mettre un terme aux abus du divorce, ils ima-

---

(1) Montesquieu, Esprit des lois ; Laferrière, t. I, p. 218.

ginèrent les *cautiones rei uxoriæ*. Dans presque tous les mariages, il fut d'usage de stipuler qu'en cas de divorce, le mari serait tenu de restituer à la femme les biens qu'il en avait reçus à titre de dot; et quand cette convention n'avait pas été faite, le préteur y suppléait au moyen de l'action *rei uxoriæ*. Les stipulations et cette action, introduites d'abord seulement pour le cas de divorce, s'étendirent par la suite aux autres cas de dissolution du mariage.

Un premier pas avait été fait en faveur de la femme; mais comme le mari, malgré l'obligation de restituer à laquelle il était soumis, avait cependant conservé le pouvoir d'aliéner et d'hypothéquer les choses dotales, il se présentait un danger sérieux, celui de son insolvabilité, et la femme était exposée à n'avoir contre son mari qu'une créance illusoire.

C'est sous le règne d'Auguste que commence à se dégager le principe de l'inaliénabilité, qui est la base et le fondement du régime dotal. Cet empereur voulut remettre le mariage en honneur et favoriser les secondes noces, pour raviver les sources de la population épuisée par le relâchement des mœurs et les guerres continuelles de l'empire.

C'est dans ce but que furent rendues, en 757

et 762, les lois *Julia* et *Pappia Poppæa*, qui prononcent certaines incapacités à titre de peine contre les célibataires, et qui furent fondues plus tard en une seule loi. Après elles vint la loi Julia *de adulteriis*, la seule dont nous ayons à nous occuper ici ; elle se lie aux lois précédentes, et fut le produit d'un même système : la république avait intérêt à ce que les femmes conservassent leur dot pour pouvoir convoler à de secondes noces (*Interest reipublicæ mulieres dotes salvas habere propter quas nubere possint*) (1). La loi *Julia* assure à la femme la restitution de sa dot, en restreignant le droit absolu du mari de disposer à son gré, et sans le concours de sa femme, des immeubles dotaux. Désormais il ne pourra pas aliéner l'immeuble dotal sans le consentement de sa femme, ni l'hypothéquer même avec ce consentement. L'hypothèque était proscrite avec plus de rigueur que l'aliénation, parce que le législateur avait craint que la femme ne consentît bien plus facilement à hypothéquer ses immeubles qu'à les vendre (2).

Sous la législation de Justinien nous voyons le régime dotal arriver à son complet déve-

---

(1) Paul, L. 2, D., de jure dotium.

(2) Et ratio diversitatis hæc est, quia facilius mulier consentit obligationi fundi dotalis quam alienationi. (Cujas, Recit. solenn. sur le § ult. de la loi un. C., de rei uxor. actione).

loppement. Ce prince consacra d'une manière
absolue le principe de l'inaliénabilité, et sup-
prima la différence qui existait entre l'aliénation et l'hypothèque. « Nous avons, dit-il, apporté des améliorations et corrigé la loi Julia.
En effet, comme cette loi ne statuait que sur les
biens de l'Italie, et que de plus elle défendait
d'aliéner sans le consentement de la femme, et
d'hypothéquer même avec son consentement,
nous avons voulu que l'aliénation et l'engagement des immeubles dotaux soient prohibés
aussi dans les provinces, et que ni l'un ni
l'autre ne puissent avoir lieu, même avec le
consentement de la femme, de peur qu'on n'a-
buse de la fragilité de ce sexe au détriment de
sa fortune (1). »

Justinien imagina d'autres réformes applicables à la dot mobilière comme à la dot immobilière. Mais avant de parler de ces innovations, nous allons examiner de quelle manière
le principe de l'inaliénabilité du fonds dotal
fut organisé par la loi Julia.

Les dispositions littérales de la loi Julia ne
nous sont pas parvenues, mais la prohibition
qu'elle contenait est consignée dans plusieurs
textes importants, notamment aux § 62 et 63 du

---

(1) Inst., liv. 2, tit. 8, princ. Traduct. de M. Ortolan.

commentaire II des Instituts de Gaius, et au titre XXI B, de *dotibus*, § 1 et 2 du livre des Sentences de Paul. Justinien reproduit dans les mêmes termes la phrase de Gaius en étendant, comme nous l'avons vu, la prohibition aux immeubles provinciaux.

Dans la matière qui fait l'objet de notre étude nous avons trois choses à examiner : 1° quels sont les biens dont la loi Julia et la constitution de Justinien prohibent l'aliénation ; 2° quelles sont les aliénations prohibées ; 3° quels sont les cas où le principe d'inaliénabilité cesse de recevoir son application.

La prohibition de la loi Julia comprend tant les fonds urbains que les fonds rustiques et toute espèces d'édifices (1) (L. 13, Ulp., lib. 5, *de adulteriis*) ; lors même que cette règle n'aurait pas été écrite positivement dans la loi, on aurait dû suppléer à son silence, car il est évident que la construction ne peut être séparée du sol sur lequel elle repose, et doit être assujettie à la même condition, *superficies solo cedit*. Le principe d'inaliénabilité s'applique à la partie soit divise soit indivise du fonds comme au fonds tout entier. Telle est la jurisprudence, nous dit

---

(1) Cujas pense que la rubrique *de prædio dotali* conviendrait mieux à notre titre (t. v, col. 557, l. 1 et 3, de fundo dotali).

le jurisconsulte Paul (D., L. 13, § 1); la raison l'indique assez; en effet, la partie d'un tout est de même nature que le tout et doit suivre le même sort.

Pour Justinien il n'existe plus aucune différence entre le sol provincial et le sol italique. Aussi la loi Julia est-elle étendue aux fonds provinciaux. Ce point faisait doute du temps de Gaius. (C. II, § 63.)

La loi Julia ne s'applique qu'aux fonds que le mari est obligé de rendre en nature, par conséquent aux fonds inestimés. Car l'estimation vaut vente pour le mari, qui à la dissolution du mariage ne peut être actionné que pour la valeur estimative du fonds (D., L. 11; Africain, lib. 8 *quæst.*).

Maintenant nous avons à examiner dans quel cas et à quelles conditions un fonds devient dotal. La première condition c'est qu'il ait été constitué en dot. Peu importe que la constitution de dot soit faite au mari par la femme ou par toute autre personne, car dans ce dernier cas c'est en considération de la femme que le fonds est parvenu au mari (D., L. 14, § 1).

La constitution pouvait avoir lieu avant comme après le mariage. *Dos aut antecedit aut sequitur matrimonium, et ideo vel ante nuptias vel post nuptias dari potest* (Paul, Sent. 2,

§ 1). Elle se faisait par diction, par dation ou par promesse (1) ; ces deux derniers modes n'étaient que l'application des formes générales du droit commun et pouvaient être employés par toute personne. La diction de la dot était une forme spéciale et exceptionnelle dont l'emploi n'est permis qu'à certaines personnes déterminées (2).

La constitution de dot peut résulter d'une libéralité indirecte de la part de la femme. C'est ce que Paul nous apprend dans la loi 14, § 3 de notre titre. Si la femme répudie le legs d'un fonds, ou néglige de faire adition d'hérédité, en vue de constituer une dot à son mari, qui est héritier testamentaire ou qui lui est substitué, le fonds parvenu au mari, par suite de la renonciation de la femme ou du défaut d'adition d'hérédité, sera dotal. Un cas analogue est aussi prévu par Ulpien (L. 5, § 5, D., *de jure dotium*). Ici ce n'est plus la femme qui répudie un legs ou une hérédité pour constituer une dot au mari, c'est le père. Dans cette hypothèse le jurisconsulte décide avec Julien qu'il y a dot. En effet, le gendre n'a le fonds que par suite de la volonté expresse du père de constituer une dot

---

(1) Dos aut datur, aut dicitur, aut promittitur. Ulp. frag., tit. 6, § 1.
(2) V. M. Pellat, Textes sur la dot traduits et commentés, p. 4 et suiv.

à sa fille. Mais la dot ne sera point profectice, parce qu'elle n'a jamais fait partie du patrimoine du père; car le gendre substitué ou héritier ne peut acquérir qu'autant que le beau-père n'a pas acquis (1).

Peu importe que le fonds ait été livré au mari ou à un tiers qu'il aurait désigné; le fonds reste toujours dotal. Il sera, dit le jurisconsulte, de la même condition que s'il était resté entre les mains du mari (L. 14, princ.; Paul, lib. 3, *de adulteriis*).

Quelquefois la dotalité du fonds est en suspens pendant toute la durée de l'union conjugale. Alors, si le mari aliène le fonds, la validité de l'aliénation est subordonnée au cas où, à la dissolution du mariage, il resterait propriétaire irrévocable des biens constitués en dot. C'est ce qui arrive dans les espèces suivantes, prévues par Africain dans les lois 9 et 11 de notre titre.

Si le fonds constitué en dot a été estimé avec réserve d'option, il faut distinguer si le choix appartient au mari ou à la femme. Dans le premier cas, l'aliénation est valable; dans le second

---

(1) C'est par suite du même principe que le droit romain refuse aux créanciers l'exercice de l'action Paulienne contre un acte par lequel le débiteur répudie le legs ou l'hérédité, qui lui est dévolue. (V. au Dig. le titre : *Quae in fraudem creditorum*).

cas, la femme peut agir contre les tiers pour faire tomber les aliénations consenties par le mari ; en effet, l'estimation n'a eu pour but que de lui donner le droit de choisir à la dissolution du mariage entre l'immeuble lui-même et le prix représentatif de sa valeur (1).

La femme peut se constituer en dot l'objet de la dette du mari ; si c'est un immeuble, il devient dotal : pas de difficulté à cet égard. Mais, quand l'obligation du mari est alternative et porte sur un fonds ou d'autres objets de différentes natures, ou sur plusieurs immeubles dont un seul devra être restitué au choix du débiteur, on est conduit aux distinctions suivantes : si le mari devait un fonds ou dix talents, comme il dépend tout à fait de lui d'acquitter sa dette avec une somme d'argent, le fonds restera valablement aliéné.

S'il devait un immeuble ou l'esclave Stichus, et que l'esclave fût décédé pendant le mariage, l'immeuble sera dotal, parce que, suivant l'observation de Pothier, il demeure seul compris dans l'obligation.

Par une autre conséquence du principe que le payement détermine l'objet de l'obligation alternative, il dépendra du mari de soumettre

_____

(1) V. aussi une constitution des empereurs Sévère et Antonin, L. 1, C., même titre (5, 13).

à la dotalité le fonds Cornélien ou le fonds Sem-
pronien, dans le cas où il doit l'un ou l'autre
de ces fonds. Il pourra donc aliéner l'un et
conserver l'autre. Si cependant il rachetait le
premier, il redeviendrait libre de retenir ou
d'aliéner celui des deux qui lui conviendrait.
Paul semble proposer une décision plus hardie
dans la loi 10. Raisonnant dans la même hypothèse, il remarque l'effet ambulatoire que la
loi Julia emprunte au caractère de l'obligation
du mari (1), et se demande si le mari aurait la
faculté d'aliéner le fonds qu'il aurait d'abord
retenu, sans avoir racheté l'autre, par cela seul
qu'il dépend de lui de le racheter, ou bien si on
doit lui refuser ce pouvoir, attendu qu'aucun
d'eux ne ferait plus partie de la dot ? Tout au
moins, selon lui, faut-il admettre après l'événement, *ex post facto*, la validité de la seconde
aliénation, quand le premier fonds a été ensuite
racheté.

Les fonds qui viennent se réunir accessoire-
ment aux choses dotales suivent la même condition que le fonds directement constitué en dot.
Par conséquent, le fonds légué à l'esclave dotal,
ou par lui recueilli dans une succession à
laquelle il est appelé, devient également dotal
et tombe sous l'application de la loi Julia. Il en

---

(1) *Quia dotalis talis fuit obligatio.* Correction de Cujas, l. 10, h. t.

est de même à l'égard des portions de terrain qui s'adjoindraient au fonds dotal par alluvion ou par tout autre mode d'accession.

Mais, si le mari doit restituer tous les fonds qu'il gagne à l'occasion de la dot, il ne s'ensuit pas toujours que le fonds sujet à restitution soit dotal, et tombe sous l'application de la loi Julia. Ainsi la loi 78, § 4, D., *de jure dotium*, prévoit le cas où le mari se rendrait adjudicataire de la totalité du fonds dont la femme s'est constitué en dot une portion indivise. Comme la restitution doit comprendre non seulement les choses dotales, mais encore tout ce qui est parvenu au mari à l'occasion de ces choses, sauf les fruits, le mari rendra, outre la portion qu'il aura reçue de sa femme, la portion qui lui est parvenue à l'occasion de celle-ci, en se faisant rembourser par la femme la somme qu'il a payée au copropriétaire. Ni la femme ni le mari ne sauraient se refuser à cet arrangement équitable. *Tryphoninus* termine en se demandant si, attendu que le fonds tout entier doit être ainsi restitué, il faut durant le mariage considérer comme dotale, non seulement la partie qui a été donnée en dot, mais encore l'autre partie. Il décide, comme Julien l'avait fait implicitement, qu'il n'y a de dotale que la partie reçue en dot; par conséquent le mari pourrait sans le consentement de sa femme, aliéner la partie qui lui est arrivée par l'adjudication et remettre ainsi la chose dans l'indivision.

La dotalité ne commence à peser sur le fonds constitué en dot, qu'au moment où le *dominium* a passé sur la tête du mari. *Dotale prædium sic accipimus, cùm dominium marito quæsitum est, ut tunc demum alienatio prohibeatur* (L. 13, § 2, Ulp. lib. 5, *de adulteriis*). Paul fait l'application de cette règle dans l'espèce suivante : si le mari doit à la femme le fonds d'autrui, et que celle-ci lui constitue en dot par diction l'objet de sa dette, le fonds ne devient dotal qu'au moment où il est parvenu au mari (1).

Le fonds est dotal quoique la propriété n'ait jamais résidé un seul instant sur la tête du mari, si c'est par son ordre que la femme l'a livré à un tiers. Celui-ci sera tenu des mêmes obligations que le mari et ne pourra pas aliéner le fonds.

La loi Julia doit être interprétée largement, nous dit Gaïus, et en conséquence il décide que le fonds livré au fiancé ne pourra pas être aliéné ; mais, comme il n'y a pas de dot sans mariage, si la tradition n'a pas transféré la propriété au fiancé, l'usucapion ne procédera pas à titre de dot, mais sans titre spécial, *non pro dote sed pro suo* (L. 1, D. pro dote, § 2).

---

(1) L. 14, de f. d., § 2.

La dotalité du fonds peut subsister même après la dissolution du mariage. Le fonds reste frappé d'inaliénabilité entre les mains des héritiers du mari ; si le mariage s'est dissous par la mort de la femme, ses héritiers jouissent des mêmes priviléges, et le mari ne peut aliéner le fonds à leur détriment (1). Dans le cas où le mariage est dissous par la *maxima capitis diminutio*, par exemple, par la perte de la liberté du mari, le maître qui acquiert la propriété de la dot, ainsi que la propriété de tous les autres biens du mari, n'a pas cependant le droit d'aliéner le fonds constitué en dot.

Nous allons maintenant présenter certaines applications du principe d'inaliénabilité dont s'étaient occupés plus particulièrement les jurisconsultes romains.

La prohibition de la loi Julia comprend tous les actes translatifs de propriété. *Est autem alienatio omnis actus per quem dominium transfertur* (2). Pas de distinction entre les divers modes d'aliénation, soit qu'il s'agisse d'un acte empor-

---

(1) C'est là une innovation de Justinien. La loi 13 (qui porte : *hæredi quoque mulieris idem auxilium præstabitur*) suppose que le mariage étant dissous par le prédécès du mari, la femme est morte avant d'avoir recouvré sa dot, mais après avoir transmis à ses héritiers le bénéfice de l'action rei uxoriæ.

(2) L. 1, C., de fund. dot.

tant aliénation directe ou établissant un droit de gage ou d'hypothèque sur le fonds dotal ; soit que le mari ait voulu transmettre la plénitude du *dominium*, ou qu'il ait consenti à aliéner quelqu'un des éléments qui le composent.

En conséquence de ce principe, il n'est pas permis au mari d'établir de nouvelles servitudes sur le fonds dotal, ou de consentir à l'abandon de celles qui existeraient au profit de ce fonds. On sait que les servitudes qui pesaient sur les fonds ruraux se perdaient par le non-usage, tandis que la libération de celles qui affectaient les héritages urbains ne pouvait résulter que d'ouvrages établis par le possesseur du fonds servant, à l'encontre de la servitude, et tolérés pendant deux ans par le propriétaire du fonds dominant. On aurait pu croire que cette différence dans le mode de libération des servitudes urbaines et rurales devait rendre les effets de la loi Julia moins rigoureux, en ce qui concernait l'affranchissement de l'héritage qui devait une servitude au fonds dotal urbain. Malgré cette double circonstance d'un fait positif contraire de la part du fonds servant, et de la tolérance du mari pendant le délai ordinaire fixé pour ces sortes de libération, le jurisconsulte décide que le fonds urbain ne pourra perdre ses servitudes, parce que sa valeur en serait amoindrie.

Le mari doit s'abstenir de tout acte qui aurait pour effet de rendre plus mauvaise la condition du fonds. Ainsi, il ne pourra pas couper des arbres de haute futaie, ouvrir des carrières, en un mot tirer du fonds des produits qui ne seraient pas considérés comme fruits. Cependant, quoique les arbres de haute futaie et les produits des carrières ne soient pas considérés comme fruits (1), on devra permettre au mari d'en disposer dans les limites d'une sage administration.

Cujas (2) enseigne que la prohibition d'aliéner ne concerne pas toutes les choses immobilières indistinctement, mais seulement *res soli*. Ce jurisconsulte appuie son opinion sur la loi 32 du titre *de jure dotium*, d'après laquelle il était permis au mari d'aliéner, avec le consentement de sa femme, le droit de superficie, nonobstant sa nature immobilière. Il cite, en outre, une foule de textes où la loi Julia est rappelée comme disposant uniquement, à l'égard du fonds dotal, de l'héritage dotal, mots par lesquels on n'entendait que *res soli*. Je crois que l'illustre interprète du droit romain tombe ici dans l'erreur. La loi 32, sur laquelle il se fonde, appartient aux fragments

(1) D'après la loi 7, § 13, D., *sol. matr.*, les produits des carrières ne sont considérés comme fruits que s'ils peuvent se renouveler à mesure qu'on les extrait.

(2) Resp. Pap., sup., et observ., l. 17, cap. 2, t. 2, p. 488.

des anciens jurisconsultes, qui écrivaient à un moment où le mari pouvait aliéner le fonds dotal avec le consentement de sa femme; elle n'est plus applicable du temps de Justinien, et c'est par mégarde qu'elle a été insérée dans sa compilation. D'ailleurs, cette loi ne parle pas seulement du droit de superficie, mais aussi des *res soli*; en effet, elle permet au mari d'aliéner, avec le consentement de sa femme, les produits du fonds dotal qui ne sont pas considérés comme fruits, et qui dès lors sont parties intégrantes de ce fonds. Quant aux autres textes que cite Cujas, ils n'offrent rien de concluant en faveur de son opinion. L'expression fonds dotal, dont ils se servent, doit être entendue dans un sens général, et s'applique aussi bien aux démembrements du droit de propriété qu'au fonds lui-même. Nous en trouvons la preuve dans une foule de textes du Digeste et du Code.

La loi Julia ne prohibe que les aliénations volontaires, mais elle ne met pas obstacle à celles qui s'accomplissent en vertu d'une impérieuse nécessité ou de la puissance même de la loi.

La loi 1 de notre titre nous en offre un exemple. Dans le *principium* de cette loi, Paul prévoit le cas où le mari ayant refusé de fournir la *caulio damni infecti* au propriétaire d'un héritage voisin menacé par la ruine imminente

du fonds dotal, celui-ci aurait obtenu du préteur l'ordre de posséder. L'avantage de cette
caution était d'obliger le possesseur du fonds
menaçant ruine à payer une indemnité pro-
portionnée au dommage en cas d'accident. En
effet, d'après les principes du droit civil, il aurait eu la faculté de se soustraire à toute responsabilité en abandonnant les décombres (*si
modo omnia quæ jaceant, pro derelicto habeat*),
et le préjudice causé par la chute de l'édifice
serait ainsi resté sans réparation ; si, dans le
délai fixé par le préteur, la sûreté prescrite
n'est pas fournie, celui qui la réclame sera en-
voyé en possession de l'édifice qui le menace,
et s'il y a persistance dans le refus de lui donner sûreté, après un certain intervalle et sur
l'examen de la cause, il obtiendra du préteur
l'ordre de posséder. Il ne faut pas confondre
l'envoi en possession avec l'ordre de posséder. La première mesure n'est qu'une voie
de contrainte de fait ; celui à qui elle est accordée peut s'installer dans le bâtiment, mais
sans expulser le propriétaire, et sans que
celui-ci cesse d'être possesseur. La seconde
mesure donne le droit même de possession
avec ses effets légaux ; le propriétaire sera
expulsé, et la propriété sera acquise par usucapion après le temps voulu. C'est dans ce
dernier sens que l'aliénation du fonds dotal
pouvait avoir lieu par dérogation à la loi

Julia, qui ne proscrivait que les aliénations volontaires. Du reste, tant que le délai fixé pour l'accomplissement de l'usucapion n'était pas expiré, le mari avait la faculté d'arrêter les effets de l'envoi en possession, en prenant l'engagement demandé. Il conservait alors son action revendicatoire à laquelle le tiers possesseur n'aurait plus eu d'exception à opposer (1).

Le principe d'inaliénabilité reçoit encore exception au cas de partage du fonds dotal. La loi 2 du titre 23 au Code *de fundo dotali*, qui prévoit cette hypothèse, est ainsi conçue : « *Mariti, qui fundum cum alio in dotem inæstimatum acceperunt, ad communi dividundo judicium provocare non possunt, licet ipsi possint provocari.* » Le mari qui a reçu en dot la part indivise de la femme dans un fonds non estimé, n'a pas le droit d'intenter l'action *communi dividundo*. En effet, comme le partage en droit romain est atributif de propriété, il doit être assimilé à une véritable aliénation, et, par conséquent, il est interdit par les principes de la loi Julia, mais le mari peut valablement répondre à une demande de partage dirigée contre lui. Dans ce cas l'aliénation a lieu, indépendamment de sa volonté, par la puissance

---

(1) V. M. Ortolan, Inst., liv. 3, t. 18, p. 165.

de la loi, qui lui impose l'obligation de ne pas
nuire à l'exercice du droit qu'ont les propriétaires du fonds dotal de faire cesser l'indivision.

L'aliénation est encore commandée par les
principes du droit, dans les cas où une servitude établie en faveur du fonds dotal vient à
s'éteindre par confusion ; mais les intérêts de la
femme ne sont pas alors destitués de tout secours.
De là les décisions suivantes adoptées par Julien
dans la loi 7 de notre titre : si le mari devient
propriétaire du fonds de Titius, qui est grevé
d'une servitude au profit de l'immeuble dotal,
cette servitude s'éteindra par confusion ; mais,
dans le cas où il rendrait le même fonds à
Titius, sans avoir rétabli préalablement la
servitude, il doit indemniser la femme de la
dépréciation qu'a subie par sa faute l'héritage
dotal. Si le mari se trouve insolvable à l'é-
poque de la restitution de la dot, le préteur
donnera à la femme une action utile ou *in
factum*, pour contraindre Titius à rétablir la
servitude. Si la femme se constitue en dot un
fonds à l'égard duquel l'immeuble du mari est
tenu de quelque servitude, elle s'éteint, puisque la propriété des deux fonds vient se réunir
dans la même main. Dans ce cas, la perte qui
résulte de la confusion pour l'immeuble dotal
ne provient pas du fait du mari ; néanmoins, il

faut décider que le juge de l'action *rei uxoriæ*, a le pouvoir d'ordonner que cet immeuble ne sera rendu à la femme ou à son héritier qu'après le réintégration de la servitude.

La transmission du fonds dotal se justifie encore par la nécessité, lorsqu'il parvient à quelque successeur universel du mari, selon l'ordre de dévolution réglé par les lois. Mais ce n'est pas d'une aliénation proprement dite qu'il s'agit ici. Sans doute l'immeuble dotal cesse d'appartenir au mari, mais il reste toujours compris dans le même patrimoine et assujetti à la même condition. Ce point de droit ne souffrait aucune difficulté quand la dot passait à l'héritier du mari (1), qui continue la personne du défunt, et par conséquent jouit des mêmes droits (2) et est soumis aux mêmes obligations; mais Ulpien ne l'admettait qu'avec quelque doute dans les hypothèses suivantes :

Le mari ayant été réduit en servitude, son maître lui succédait dans l'obligation de restituer le fonds dotal, qu'il ne pouvait valablement aliéner. Il en eût été de même, à plus forte raison, s'il se fût agi d'un cas de *minima*

---

(1) L. 1, § 1, D., de fund. dot.

(2) Les règles sur les rétentions sont applicables aux héritiers du mari (V. Si rei judicatæ, § 1, D., de sol. matrimonio).

capitis diminutio du mari, comme d'une adro-
gation.

Enfin, le fisc succédant au mari par suite
d'une confiscation, n'aurait pas plus de droit
que les autres successeurs à titre universel; la
vente du fonds dotal est prohibée, quoique le
fisc soit toujours considéré comme un débiteur
solvable, *quamvis fiscus semper idoneus succes-
sor sit et solvendo* (1).

La dernière exception au principe d'inaliénabilité se trouve mentionnée dans la loi 16,
qui s'occupe de l'usucapion du fonds dotal, et
dont la disposition a été reproduite en entier
par notre droit civil (art. 1561, 1ᵉʳ alinéa,
Code Napoléon).

En principe, l'usucapion ne court pas pendant
le mariage contre le fonds dotal, car, ainsi que
Paul en fait la remarque dans la loi 28, *de
verborum significatione*, celui qui laisse l'usucapion s'accomplir semble consentir une véritable aliénation, et d'après la loi 24, *de usurpationibus* (41, 3), la bonne foi ne sert de
rien au possesseur, quand une loi prohibe ce
genre d'acquisition. Cependant, par exception
à ce principe, la loi Julia n'interrompt pas le
cours de l'usucapion qui a commencé avant la
constitution de dot; par conséquent, dans ce

---

(1) V. Cujas, Comment. des Lois 1 et 3, de fundo dotali, t. 5, col. 557.

cas, si le mari néglige de revendiquer le fonds dotal (1), l'acquisition par usucapion s'accomplira pendant le mariage au profit du tiers possesseur. Il y a sans doute ici aliénation du fonds dotal, mais, par une fiction de la loi, elle est censée remonter au jour où la constitution de dot a eu lieu; d'ailleurs, cet événement est tout-à-fait étranger à la volonté de celui qui est en voie d'usucaper, et ne doit pas arrêter le cours de sa possession. Toutefois, si l'usucapion s'est accomplie par la faute du mari qui a négligé de l'interrompre lorsqu'il en avait le pouvoir, la femme a un recours contre lui pour se faire indemniser de la perte du fonds dotal. Le mari échapperait à toute responsabilité, s'il ne fallait, au moment où la dot a été constituée, qu'un petit nombre de jours pour achever le délai de la possession acquisitive (2).

---

(1) Il faut supposer que la propriété a été transférée au mari indépendamment de la tradition, c'est-à-dire par la *mancipatio* ou l'*in jure cessio*. Nous nous étonnons que cette idée ait échappé à Pothier, qui suppose, dans une de ses annotations sur la loi 16, que le mari, n'ayant pu acquérir la propriété de l'immeuble dotal en l'absence de toute tradition, a été investi par procuration du droit de la revendiquer entre les mains du tiers possesseur. La tradition, loin d'être nécessaire, eût été insuffisante, avant Justinien, pour transférer la propriété au mari, s'il se fût agi d'un fonds italique qui était chose *mancipi*.

(2) Nous trouvons encore çà et là, dans les textes du Digeste, plusieurs autres cas d'aliénation nécessaire, notamment dans la loi 73, D., *de jure dotium*, et dans la loi 21, D., *sol. matrim*. Ces lois ne parlent que de la restitution anticipée de la dot; mais il est évident que, dans les mêmes circonstances, le mari peut l'aliéner avec le consentement de sa femme.

Nous terminerons nos développements sur la loi Julia, en faisant remarquer, qu'à la différence de notre droit, aucune action en nullité n'est immédiatement ouverte contre les aliénations du fonds dotal faites au mépris de la loi Julia. Le sort de ces aliénations n'est définitivement réglé qu'à la dissolution du mariage, et dépend de la personne qui profitera de la dot ou qui aura qualité pour intenter l'action dotale. Nous allons voir, en effet, qu'il est des cas où le mari gagne la dot, et d'autres où, bien qu'il soit tenu de la restituer en nature, les acquéreurs du fonds dotal n'ont à redouter aucune éviction.

Les règles de la matière se résument dans ce principe : *toties autem non potest alienari fundus, quoties mulieri actio de dote competit aut omnimodo competitura est.*

Le mariage étant dissous par le divorce ou par la mort du mari, la femme intentera l'action *rei uxoriæ*, en tenant pour non avenues toutes les aliénations qui auraient été faites contrairement à la prohibition de la loi Julia. Si elle vient à décéder elle-même avant que l'instance n'ait été portée devant le magistrat, son droit sera transmissible à ses héritiers, pourvu que celui qui doit défendre à l'action *rei uxoriæ* ait été mis en demeure par la femme. Dans ce cas, l'action pourra encore réfléchir contre les aliénations indûment faites du fonds dotal, d'après la loi 13, § 3 : *hæredi quoque mulieris idem auxilium præstabitur, quod mulieri præstabatur.* Mais cette action meurt avec la femme lorsqu'elle a négligé d'exercer contre le mari ou ses héritiers, les poursuites qui devaient le constituer en demeure (1). Justinien, modifiant l'ancien droit sur ce point, a décidé que si la femme prédécédait pendant le mariage, la dote *adventice*, au lieu de rester au mari, reviendrait, dans tous les cas, aux héritiers de la femme.

Il peut arriver que la femme perde le droit de revenir contre les aliénations du fonds dotal. C'est ce qui a lieu, par exemple, quand elle accepte un legs ou bien la succession de son mari, sous la condition expresse ou tacite de respecter les actes par lesquels il avait disposé de la dot. Cette acceptation équivaut à une véritable ratification de la part de la femme ; et l'acquéreur, contre qui elle revendiquerait le fonds dotal, pourrait la repousser par l'exception de dol ; telle est la décision de Papinien dans la loi 77, 5, D., *de legatis*, 2, lib. 8, *respons.* Dans l'espèce prévue par le jurisconsulte, le mari, outre le legs laissé à sa

---

(1) Ulpien, frag. tit., 6, § 7. V. les développements de M. Pellat pour les particularités de l'action *rei uxoriæ* (Textes sur la Dot, p. 11-15).

femme, pour lui tenir lieu de son héritage dotal, avait grevé l'acheteur par fidéicommis de l'obligation de lui restituer le prix. Le jurisconsulte décide que si la femme a conservé la vente en acceptant le legs, l'acquéreur pourra échapper à son action en revendication en lui offrant le prix de l'immeuble (1).

De même, Ulpien décide, dans l'espèce inverse, que la femme héritière instituée du mari, est tenue d'acquitter le legs du fonds dotal, quand d'ailleurs elle trouve dans la succession des biens suffisants pour s'indemniser de la valeur de sa dot. Si la consistance de l'hérédité est inférieure, ce jurisconsulte pense, d'après l'opinion de Scévola, que le legs sera valable, sinon pour la totalité, du moins en partie; la femme ne pourra revendiquer qu'une portion de l'immeuble correspondante à ce qui manquerait dans la succession pour parfaire la totalité du prix de l'héritage dotal (L. 13, § 4, D., *de fund. dot.*).

Si nous supposons le mariage dissous par la mort de la femme, l'acquéreur du fonds dotal n'aura à redouter aucune chance d'éviction dans tous les cas où le mari gagnera la dot. C'est ce qui résulte de la loi 17 de notre titre

(1) V. les Pandectes de Pothier, n° 13, et la note de cet auteur sur la loi 77.

et de la loi 12 du titre *de usurpationibus*, où Papinien remarque que la vente du fonds dotal, entachée de nullité *ab initio*, sera confirmée par l'événement qui appelle le mari à profiter de la dot, de même que le vendeur d'un objet volé, qui vient à succéder au propriétaire de la chose, ne saurait attaquer la vente qu'il en aurait consentie ; un fait ultérieur est venu effacer ici le vice originel de l'aliénation. Le mari étant tenu, en effet, de maintenir l'acquéreur dans la paisible possession du fonds dotal, ne serait pas recevable à revendiquer le même fonds contre lui ; *quem de evictione tenet actio eumdem agentem repellit exceptio.* Mais, dans le cas où le mari est tenu de rendre la dot au constituant autre que la femme, nous sommes en présence de textes qui paraissent contradictoires, dont l'un, la loi 3, § 1, semble décider que l'aliénation ne sera nulle que si la femme doit avoir l'action *rei uxoriæ*, et les autres, la loi 17 de notre titre, et la loi 42, *de usurpationibus*, paraissent ne mettre les acquéreurs à l'abri de toute action revendicatoire que dans le cas où la dot profite au mari. Si nous consultons le but et les motifs de la loi Julia, nous devons nous en tenir à la règle d'après laquelle l'aliénation n'est considérée comme nulle, que si l'action *rei uxoriæ* appartient à la femme. En effet, la prohibition de la loi Julia ayant été introduite exclusivement en faveur des femmes, *ut mulieres nubere possint*, pour leur donner un moyen de se remarier, en leur assurant la conservation de leur dot, l'intérêt du constituant, fût-il le père de la femme, est resté en dehors des prévisions de cette loi. Remarquons d'ailleurs que la loi 17, *de fundo dotali*, et la loi 42, *de usurp.*, n'exigent pas que la dot vienne profiter au mari, pour que les tiers acquéreurs ne soient pas évincés. Ces deux textes statuent *de eo quod plerumque fit*, sur le cas le plus fréquent dans lequel, en effet, le mari gagnait la dot, mais ne prévoient pas ce qui arriverait dans les diverses hypothèses où il serait tenu de la restituer à une autre personne que la femme. Ils n'impliquent donc aucune antinomie avec le principe consigné dans le § 1 de la loi 3, qui dispose d'une manière plus générale et plus absolue et décide *a contrario* que, dans tous les cas où l'action dotale ne compète pas à la femme, on n'a pas à revenir contre les aliénations du fonds dotal. La personne autre que la femme, à qui appartient l'action *rei uxoriæ*, ne pourra donc exercer son recours que sur les biens du mari, et les tiers détenteurs du fonds dotal devront être à l'abri de ses poursuites.

Toutes les règles que nous avons exposées jusqu'ici ne se réfèrent qu'au fonds dotal. La dot mobilière reste sous l'empire des anciens principes. Le mari a sur les meubles une propriété complète et absolue, et peut en disposer sans le concours de sa femme. Il est vrai qu'il est défendu au mari d'affranchir les esclaves dotaux en fraude des droits de la femme. L'insolvabilité du mari, au moment où il rendait ces esclaves à la liberté, entraînait la nullité de l'affranchissement et donnait à la femme le droit d'exiger le remboursement immédiat de la dot. Mais si le mari n'a pas le droit d'affranchir les esclaves dotaux, ce n'est pas en vertu de la loi Julia, c'est parce que la loi Ælia Sentia déclare nuls les affranchissements faits en fraude des créanciers et, par conséquent, en fraude de la femme qui est créancière du mari pour la restitution des valeurs dotales (1).

Nous avons fait connaître les modifications que Justinien avait apportées à la loi Julia d'Auguste. Mais la sollicitude du législateur qui, par son dévouement aux intérêts des femmes mariées, a mérité le surnom d'*uxorius*, ne se borna pas à développer le principe de l'inaliénabilité dotale; il imagina d'autres sûre-

<hr>

(1) Cujas, Resp. Pap., lib. 13 ; L. 1, tit. 1, op. posth., p. 551, L. 21, ff., de manumiss., lib. 40, tit. 1. L. 1, C., de serv. pign. dat. manumiss., lib. 7, tit. 8, L. 24, in princ., ff., solut. matrim., lib. 24, tit. 3. L. 40, ff., qui et a quib., lib. 40, tit. 9.

tés embrassant les diverses natures de dot, la dot mobilière comme la dot immobilière ; nous allons les examiner rapidement.

D'après l'ancien droit romain (*antiquas leges*), la femme n'avait qu'un privilége qui la rendait préférable aux créanciers chirographaires (*inter creditores personales*) du mari. C'est Justinien qui nous l'apprend dans sa fameuse loi *Assidius*, C. *qui potior*. Si la femme voulait avoir une hypothèque sur les biens de son mari, elle était obligée de la stipuler.

Justinien réforma cette jurisprudence. D'abord, par la loi 29, au Code, *de jure dotium* : lorsque la femme a stipulé une hypothèque, il lui donne le droit d'agir pendant le mariage, lorsque la restitution de sa dot est compromise par l'insolvabilité du mari.

« Si le mari, dit cette loi, est réduit à la misère pendant le mariage, et que les intérêts de la femme soient en danger, elle peut s'emparer des choses qui lui ont été hypothéquées pour dot, donations anti-nuptiales et extradotales. Si un créancier postérieur du mari l'actionne en justice, elle le repoussera par le secours d'une exception (car, dit Godefroy, *possidenti datur exceptio*). Elle peut même agir contre les tiers détenteurs de biens appartenant à son mari, et c'est en vain que ceux-ci lui opposeront que le mariage n'est pas dissous ; car elle pourra exercer l'action revendicatoire sur tous les créanciers du mari à elle postérieurs, comme elle aurait pu le faire à la dissolution du mariage ; néanmoins, la femme ne pourra pas vendre ces choses tant que son mari sera vivant et que le mariage subsistera. Mais elle se servira des fruits pour nourrir elle, son mari et ses enfants. A la dissolution du mariage, le mari et la femme pourront faire valoir leurs droits sur la dot et sur la donation anti-nuptiale, conformément au contrat de mariage » (1).

Il ne s'agit, dans cette loi 29, que d'une hypothèque conventionnelle ; car, à cette époque, Justinien n'avait pas encore créé l'hypothèque tacite et générale de la dot. C'est la remarque de Cujas (2) : « *Res viri suppositas oportet intelligere ex conventione obligatas, quia nondum erat tacita hypotheca* ». Cujas (*loc. cit.*) fait observer également que cette hypothèque ne prend rang que par sa date, et que le seul droit qui soit attribué à la femme par la loi 29, c'est de l'exercer pendant le mariage.

La loi 30 au Code *de jure dotium* donne à la femme une hypothèque tacite et privilégiée

---

(1) Les praticiens appelaient l'exercice de ce droit : *Assecuratio dotis et indemnitas dotis* (Faber, Cod., de jure dot. def. 2, et passim.)

(2) Recit. solemn. sur le Code, de jure dotium, in lege 29.

sur les biens composant la dot, qu'ils fussent estimés ou non, ou bien, si elle le préfère, une action réelle pour les revendiquer contre les tiers détenteurs. Si le mari est solvable, elle est obligée d'attendre la dissolution du mariage pour exercer son action. Mais comme dans la loi précédente, l'insolvabilité du mari, survenue pendant le mariage, donne lieu à l'exercice immédiat de cette action (1), nous voyons dans la loi 30 quelque chose d'analogue à ce qui arrive dans notre droit, en cas de séparation de biens, lorsque les droits et la dot de la femme sont mis en péril.

Cette loi contient aussi une exception au principe d'inaliénabilité ; elle décide que l'usucapion commencera à courir, pendant le mariage, contre le fonds dotal, à partir du moment où la femme a repris l'administration des biens et l'exercice des actions, *ex quo possunt actiones moveri.*

En effet, dans ce cas, si la femme laisse l'usucapion s'accomplir, elle ne pourra imputer la perte du fonds dotal qu'à sa propre négligence.

D'après la loi 30, l'hypothèque tacite et pri-

---

(1) Cette loi mit un terme aux abus du divorce réel ou fictif. Les dernières expressions de la loi 30 indiquent qu'il s'était introduit un usage d'après lequel, pour parer aux dangers que pouvait courir la dot entre les mains d'un mari peu solvable, les femmes avaient recours à un divorce simulé.

vilégiée de la femme ne peut être exercée que sur les biens dotaux et non sur les biens propres du mari; *hoc ergo privilegium lex dat tantum in ipsis rebus dotalibus, sive æstimatæ sint, sive inestimatæ sint.* Mais plus tard, Justinien, non content des innovations qu'il avait introduites dans l'intérêt de la femme, lui accorda une faveur exorbitante. D'après la loi unique au Code *de rei uxoriæ actione*, et la loi Assiduis C. *qui potiores*, l'hypothèque tacite et privilégiée de la femme est étendue à tous les biens du mari.

Nous devons observer que dès ce moment les dispositions de la loi 29, qui, dans l'origine, ne statuait que sur l'hypothèque conventionnelle, devinrent applicables, même au cas où la femme n'avait pas stipulé d'hypothèque, et que celle-ci pût s'en prévaloir, même contre les créanciers hypothécaires antérieurs au mariage; toutefois, l'hypothèque qui garantissait la donation anti-nuptiale, ne participait point au privilége que la loi Assiduis assure à la dot. La femme qui, après le dérangement des affaires du mari, s'était fait mettre en possession de ses biens hypothéqués à sa dot, n'avait pas le droit de les aliéner; ils restaient frappés d'indisponibilité entre ses mains, parce que c'était sur eux que reposait la garantie de conservation de la dot.

La loi *Jubemus* 21, au C. *ad. S.-C. Vellej.*, permettait à la femme de renoncer à son hy-

pothèque légale en faveur d'un tiers. Mais d'a-
près la loi unique au C. *de rei uxoriæ actione*,
l'effet de cette renonciation ne pouvait porter
que sur les biens propres du mari ou sur les
biens dotaux dont la propriété lui avait été
transférée par l'estimation. De plus, pour que
la femme pût renoncer valablement à son hypothèque légale, même relativement à ces
biens, il fallait que le mari fût solvable au
moment de la restitution de la dot. C'est l'opinion de tous les interprètes du droit romain,
et notamment de Bartole, dans son Commentaire sur la loi *Jubemus* (1).

Pour compléter le système de la législation Justinienne sur la dot, nous devons dire quelques
mots des innovations introduites par les Novelles.

La Novelle 97 exige que les biens composant
la donation anti-nuptiale soient d'une valeur
au moins égale à la dot.

La Novelle 61, chap. I (§ 1 à 3), dispose
que les immeubles composant la donation anti-nuptiale, seront inaliénables comme garan-
tissant la dot. Mais cette Novelle ne les frappe
pas d'une inaliénabilité absolue; elle décide,
dans l'intérêt des époux et de la prospérité du
ménage (2), qu'il pourra être dérogé au prin-

---

(1) Junge, Favre, C., lib. 4, t. 21, Déf. 15 et 26; lib. 8, t. 15, Déf. 3
et 7.

(2) Ideoque utilis est lex uxori et marito secundum has ratiocinationes,
§ 3.

cipe d'inaliénabilité qu'elle vient de poser, et permet au mari d'aliéner et d'hypothéquer, avec le consentement de sa femme, les biens compris dans la donation anti-nuptiale, pourvu que ce consentement soit renouvelé deux ans après, et qu'il reste au mari des biens suffisants pour sauvegarder les intérêts de la femme. La Novelle (§ 3, *in fine*) ajoute que les mêmes règles sont applicables aux biens composant la dot : *Et multo potius hæc in dote valebunt, si quid dotis aut alienetur aut supponatur : jam enim hæc sufficienter delimata atque sancita sunt.*

La règle de la Novelle s'applique à la dot immobilière aussi bien qu'à la dot mobilière. Plusieurs interprètes du droit romain (1) ont prétendu que Justinien n'avait voulu que rappeler les garanties qu'il avait établies pour la conservation de la dot, et non en permettre l'aliénation. Mais il me paraît difficile, en présence d'expressions aussi claires et aussi formelles, de se refuser à voir une dérogation au principe d'inaliénabilité du fonds dotal; c'est l'opinion de Cujas (2). Cet illustre interprète du

---

(1) V. Mathieu, Wesenbach, n° 4, Comm. du Digeste sur le titre v du livre 23, de *fundo dotali*.

(2) V. aussi Cujas sur la Novelle 61 (Expos. des Novelles) contre Joannès.

droit romain rappelle la Novelle 61 dans son Commentaire de la loi ult., C., *de rei uxoriæ actione*, et dit : « Ut si mulier consenserit aliena-
« tioni *fundi dotalis*, vel obligationi semel; et
« mulier consentiat iterum post biennium, ita
« quod appareat, certo biennii judicio, eam,
« initio consensisse alienationi vel obligationi,
« ut tum rata sit alienatio, vel obligatio, et ex
« aliis bonis mulieri satisfieri, dotis nomine,
« possit, ex *Novella* 61. » Mais ce droit de disposer des immeubles dotaux, avec le consentement de la femme, n'offrait aucun danger, puisque la validité de l'aliénation était subordonnée à la solvabilité du mari au moment de la restitution de la dot.

Quand nous arriverons à la législation des pays de droit écrit, nous verrons que quelques-uns d'entre eux s'inspirèrent de la Novelle 61 pour admettre certains tempéraments à l'inaliénabilité du fonds dotal.

Arrivés au dernier état du régime dotal, en droit romain, nous avons à nous demander ce qu'est devenu le droit de propriété du mari, et si les restrictions successives qu'il a subies ont seulement apporté des entraves à son exercice ou bien altéré son caractère général et sa nature.

A cet égard, nous nous trouvons en présence de textes contradictoires. Les uns reconnaissent d'une manière formelle le droit de propriété du mari sur les biens dotaux.

Gaïus met le mari au nombre des personnes qui ne peuvent pas aliéner, quoiqu'elles soient propriétaires. *Nam dotale prædium maritus prohibetur alienare quamvis ipsius sit* (C. 2, § 62 et 63).

Des fragments nombreux au Digeste et des constitutions au Code accordent au mari des droits qui n'appartiennent qu'au propriétaire seul, notamment le droit d'exercer les actions en revendication contre les tiers et même contre la femme (1).

Paul nous apprend que la cause de la dot est perpétuelle et peut conduire à l'usucapion (L. 1., D., *de jure dot.*)

Julien, dans la loi 7, au D. du titre *de fundo dotali*, nous dit que, si le mari achète un fonds qui devait une servitude au fonds dotal, la servitude s'éteint par confusion, parce que les deux fonds se réunissent dans la main du même propriétaire.

Nous pourrions faire encore une foule de citations ; mais, pour ne pas tomber dans l'abus, nous terminerons en citant Justinien. Cet empereur, dans ses Instituts (liv. 11,

_____

(1) L. 24, de act. rerum amol.; L. 9, Code, de rei vind.; L. 40, D.; § 1, de furtis; L. 3, § 2, D., de suis et leg. hæred.

tit. 8), reproduit littéralement une phrase de Gaïus, que nous avons rapportée plus haut, et nous dit que le mari ne peut aliéner le fonds dotal, quoiqu'il en soit propriétaire.

Voici le principe consacré en termes formels, et le droit de propriété du mari est si bien reconnu, même à une époque où il avait reçu les plus graves atteintes et où il pouvait y avoir le plus de doute à cet égard, que la loi 30, au Code, accorde à la femme une hypothèque sur les biens apportés en dot au mari.

De tous ces textes, on peut donc tirer la conclusion qu'en tire Cujas : *Dominium dotis in maritum transit*, et cela est si vrai que le bien ne peut devenir dotal qu'à condition que la propriété aura passé sur la tête du mari.

Mais à côté de ce droit de propriété parfaitement défini, on trouve d'autres textes qui semblent le contredire et mettre le domaine de la dot entre les mains de la femme seule.

Ainsi plusieurs lois représentent le mari comme un propriétaire de convention, et Justinien semble attribuer sa qualité de *dominus dotis* à une subtilité de droit. Dans la loi 30 au Code de *jure dotium*, il relègue le droit de propriété du mari au nombre des fictions légales.

« *Cum eædem res et ab initio uxoris fuerint, et naturaliter in ejus permanserint dominio ; non enim quod legum sublilitate transitus earum in palrimonium mariti videtur fieri, ideo rei veritas deleta vel confusa est.* »

Ulpien en plusieurs endroits représente les biens dotaux comme étant étrangers au mari. C'est ainsi qu'il dit en parlant des violences exercées sur les esclaves dotaux : *Sævitia in propriis culpanda est, in alienis coercenda, hoc est in dotalibus.* Ailleurs, en parlant du trésor trouvé sur le fonds dotal, il se sert de ces expressions : *quasi in alieno inventi* (L. 7, § 12, D. *Sol. matr.*).

Paul nous dit que dans l'appréciation de la fortune exigée pour parvenir aux fonctions municipales, on ne tenait pas compte des biens dotaux (L. 21, D., § 4, *ad municipalem*).

Enfin la loi 75, *de jure dotium*, au Digeste, établit le droit de la femme en ces termes : *quamvis in bonis mariti dos sit, mulieris est*

Que décider en présence de ces textes contradictoires dont les uns attribuent la propriété au mari, les autres la conservent à la femme. Diverses explications ont été données par les interprètes. Quelques auteurs, s'appuyant sur la loi 30, au Code *de jure dotium*, ne voient dans le droit de propriété du mari qu'une fiction légale, un vestige de ce vieux principe que le mari est propriétaire de la dot, qui était une vérité dans l'ancien droit, mais qui ne s'est perpétuée dans le nouveau que comme un dicton (1).

M. De Savigny (2) pense que le droit de la femme *in facto potius quam in jure consistit*. Selon cette opinion le mari a la propriété de la dot, mais la femme en a la jouissance. Ce n'est pas là un droit consacré d'une manière positive, mais, en réalité, c'est la femme qui profite des fruits des biens dotaux, puisqu'ils sont employés à sa nourriture et à son entretien. *Hujus etiam (mulieris) constante matrimonio, quamvis apud maritum dominium sit, emolumenti potestatem esse creditur.*

Ce système ne me parait pas expliquer d'une manière satisfaisante les textes du Digeste qui donnent à la femme la qualité de propriétaire. Dans ce système la femme n'aurait qu'un droit de jouissance indirecte et non pas un droit de propriété. Il nous paraîtrait plus exact de dire que le droit de la femme *in jure potius quam in facto consistit*, puisque pendant le mariage tous les effets de la propriété, jouissance, administration, poursuite des débiteurs, exercice des actions, se trouvent presque sans exception entre les mains du mari. Le droit de la femme,

---

(1) M. Ortolan, Inst., liv. II, tit. VII. p. 479.

(2) T. II, p. 113-118. V. aussi M. Pellat, T. sur la dot, p. 47 et suiv.; et p. 377 sur la loi 75.

au contraire, ne produit aucun de ces effets jusqu'à la dissolution du mariage.

Une autre opinion plus généralement suivie consiste à dire que la femme conserve la propriété réelle de la dot, et que si le mari est revêtu pendant le mariage du titre de *dominus dotis*, ce n'est là qu'une propriété civile et fictive qui lui est nécessaire pour qu'il puisse toucher les fruits, diriger l'administration, exercer les actions, remplir, en un mot, le rôle que la loi lui impose.

Cette opinion s'appuie sur les expressions de la loi 30 au Code, *de jure dotium : cum eædem res et ab initio uxoris fuerint, et naturaliter in ejus permanserint dominio.*

La propriété naturelle reste aux mains de la femme, mais la propriété civile appartient au mari. Cette simultanéité de droit n'offre rien de contraire à l'esprit du droit romain, qui admettait une propriété bonitaire et une propriété quiritaire.

Ce système a pour lui l'autorité de Cujas qui résume ainsi son opinion : *uxor domina est rerum dotalium naturaliter, maritus civiliter et dotis causa* (1).

Il est incontestable que le droit de propriété du mari et celui de la femme, subsistent l'un à

----

(1) Cujas, t. 1, p. 511 à 523.

côté de l'autre. Nous voyons dans les textes plusieurs effets de cette coexistence des deux droits. Ainsi, une conséquence de ce que la dot appartient tout à la fois au mari et à la femme à certains égards, c'est que, si elle est immobilière, elle procure aux deux époux la dispense dont jouissent les possesseurs d'immeubles de donner la *cautio judicio sisti* (1).

Il me semble qu'on peut concilier les textes contradictoires du droit romain, ou, plutôt, admettre cette double propriété à l'égard du mari et de la femme, en disant que le mari est propriétaire sous condition résolutoire, et la femme sous condition suspensive. *Puto cons-tante matrimonio dotem in bonis mariti esse;* mais à la dissolution du mariage le mari est tenu de rendre la dot à la femme. Tous les actes du mari qui portent atteinte au droit éventuel de la femme, doivent être considérés comme nuls; et, d'un autre côté, la femme peut faire tous les actes conservatoires de ce droit qui ne portent pas atteinte à la puissance maritale.

Ainsi, d'après la loi 75, *de jure dotium* au Digeste, dans le cas où la femme a donné à son mari un fonds non estimé, si le mari est évincé de ce fonds, elle est admise à agir pendant le mariage pour réclamer le double du prix que

---

(1) Macer, l. 15, p·, § 3, D., qui satisdare cogantur.

lui a promis le vendeur, parce qu'elle est en
danger de perdre la dot, ou, plutôt, son droit
éventuel à la dot. Pomponius nous offre un
exemple analogue dans la loi 22, § 1, *de evic-
tionibus*.

Le texte de la loi Julia nous offre plusieurs
exemples de cette propriété sous condition suspensive appartenant à la femme, et que les lois
d'Auguste et de Justinien ont substituée à la
créance éventuelle qu'elle avait contre son
mari pour la restitution de sa dot. Nous avons vu
que les aliénations que le mari a consenties deviennent valables si la condition résolutoire ne
s'accomplit pas, et s'il gagne la dot, *si dos lucro
mariti cessit* (1). Ce système est soutenu par un
grand nombre d'interprètes du droit romain (2),
et notamment par Pothier, qui s'exprime en
ces termes: « Par le droit romain, la femme
transférait à son mari la propriété de ses biens
dotaux, à la charge de la restitution qui devait
lui en être faite lors de la dissolution du mariage. Le mari, durant le mariage, en était
le véritable propriétaire. La femme, durant

---

(1) L. 17, D., de fundo dotali ; L. 42, D., de usurpat.

(2) Vinnius, Inst., lib. 2, tit. 8, p. 294 et 295. Hilliger sur Donau
Comment., de jure civil, lib. 14 p. 359 ; Connan, Comment., Jur. civ.,
p. 611 et 612.

le mariage, était plutôt créancière de la restitution de ses biens dotaux qu'elle n'en était
propriétaire. C'est en conséquence de cette
créance, c'est par rapport à cette restitution,
et en considération de cette restitution qui
devait lui être faite un jour de sa dot, que la
dot est appelée quelquefois, dans les textes du
droit, le bien et le patrimoine de la femme (1).

---

(1) Traité de la puissance du mari sur la personne et sur les biens de
la femme, 2ᵉ partie, nᵒ 50.

ANCIEN DROIT.

1. Le droit romain ne cessa jamais d'exister dans la Gaule; il n'avait pas été proscrit par les barbares, qui admettaient le principe de la personnalité du droit et laissaient chaque peuple vivre en paix sous sa loi d'origine. C'était surtout dans les provinces du midi, où l'élément Germain avait trouvé le plus de résistance, que le droit romain s'était réfugié. Mais ces provinces étaient régies par le Code Théodosien et par le *Breviarium* d'Alaric, recueil que ce roi barbare fit composer à l'usage de ses sujets romains, et qui n'était qu'une compilation du Code Théodosien et des Novelles, suite et complément de ce Code. Il contenait, en outre, quelques fragments des jurisconsultes Gaïus, Paul, Ulpien et Papinien. L'invasion des barbares, en détachant la Gaule de l'empire

romain, l'avait rendue étrangère aux constitutions et aux lois émanées des empereurs de
Constantinople, qui ne conservaient plus qu'une
souveraineté purement nominale. La législation Justinienne était donc inconnue même dans
le midi de la Gaule et n'y pénétra que fort tard.
Jusqu'au XII° siècle, le régime dotal resta sous
l'empire des principes consacrés par la loi Julia
d'Auguste. L'immeuble dotal non susceptible
d'hypothèque pouvait être aliéné si la femme
donnait son consentement à l'aliénation.

2. Cependant, vers la fin du X° siècle, un
monument, composé dans le territoire de Va-
lence, le *Petri exceptiones* (1), semblerait prouver qu'à cette époque le droit de la Novelle 61
avait déjà commencé à s'introduire dans la
Gaule. D'après un passage de ce recueil de
jurisprudence, le mari a la disposition de la dot
mobilière, mais il ne peut aliéner le fonds
dotal non estimé qu'avec le consentement de sa
femme; et pour que cette aliénation soit irrévocable, il faut que la femme renouvelle son
consentement deux ans après la vente et trouve
dans les biens de son mari une récompense suffisante. Les mêmes règles doivent être obser-

---

(1) M. de Savigny, Histoire du droit romain au moyen-âge, t. 2, ch. 9,
§§ 49 et 50.

vées à l'égard de la donation *propter nuptias* (1).

3. Mais ce droit n'était que local. Il est généralement reconnu qu'avant le XII° siècle, la législation Justinienne n'avait jamais pu s'établir
en Occident, ou du moins y était tombée dans
un oubli presque total (2), lorsqu'à cette époque
l'enseignement des glossateurs dans l'école de
Bologne vint lui donner une nouvelle vie. C'est
alors que les règles du régime dotal consacré
par Auguste cessèrent d'avoir leur application,
et que le principe d'inaliénabilité absolue de la
dot immobilière commença à devenir prépon-
dérant. L'influence de la Novelle 61, qui s'était
déjà fait sentir dans quelques localités de la

_____

(1) Maritus dotem alienare potest, si mobilis sit, etiam sine consensu
uxoris, æstimatione tamen reddenda uxori. Si vero immobilis sit, et si
æstimata data sit viro, similiter eam alienare potest, consentiente uxore,
sive non, æstimatione tamen reddenda uxori. Idem et de mobili æstimata
judicandum esse probatur a majori. Sin autem sit immobilis inæstimata,
non potest eam alienare maritus sine consensu uxoris. Nec sufficit solus
consensus; sed opus est ut post biennium alienationem uxor confirmet, et
de aliis rebus mariti recompensationem habeat.

Idem de propter nuptias donatione intelligendum est » (lib. 4, cap. 34,
de alienatione dotis).

(2) M. de Savigny cite les formules d'Auvergne de la fin du VI° siècle,
plusieurs Capitulaires de Louis-le-Débonnaire, et quelques décisions des
conciles dans lesquelles on voit des traces du droit de Justinien. Mais ces
citations n'ont rien de contraire à notre opinion. Presque tous les monu-
ments de cette époque se réfèrent au Code Théodosien, qui formait le
droit commun de la Gaule méridionale, et notamment de l'Auvergne (t. 4,
p. 91, 109, 225, 226).

Gaule vers la fin du Xe siècle, se répandit avec le droit de Justinien; plusieurs coutumes s'inspirèrent de l'esprit qui l'avait dictée, pour admettre certains tempéraments à l'inaliénabilité du fonds dotal (1).

4. La coutume d'Auvergne (2) et la coutume de la Marche (3), pays compris dans le ressort du parlement de Paris, permettaient la vente des biens dotaux lorsqu'elle ne préjudiciait pas aux intérêts de la femme. Après la mort du mari, la femme ou ses héritiers avaient le choix de recouvrer l'immeuble dotal ou de s'en tenir à la récompense qui leur avait été fournie. Mais le délai d'un an expiré, ils ne pouvaient revenir contre l'aliénation, si ce n'est en cas d'éviction.

La coutume de Normandie avait aussi cherché à concilier les exigences du régime dotal et les intérêts de la femme, avec le principe de la liberté des biens. La femme ne pouvait attaquer l'aliénation du bien dotal que si la fortune du mari n'offrait pas de quoi répondre de la dot. Dans ce cas, les tiers acquéreurs avaient le choix de déguerpir ou de payer le juste prix

---

(1) Bretonnier sur Henrys, t. 2, p. 106.
(2) Art. 4.
(3) Art. 293-300.

suivant l'estimation de la valeur de l'immeuble lors du décès du mari (1).

5. L'Auvergne et la Marche, quoique pays de coutume, suivaient le régime dotal consacré par la loi romaine, et toutes les questions qu'il soulevait se jugeaient d'après cette loi.

En Normandie, le régime dotal était une institution de la coutume et non une émanation du droit romain.

6. Parmi les pays de droit écrit, la coutume de Bordeaux était la seule qui eût adopté en partie les principes de la Novelle 61. D'après l'art. 53, la femme peut consentir à l'aliénation de la dot et renoncer à son hypothèque légale si le mari est solvable au moment de la restitution de la dot (2).

7. L'inaliénabilité absolue du fonds dotal était la loi générale des pays de droit écrit, qui étaient restés fidèles à la législation du Code et du Digeste. Comme la dot immobilière s'y gouvernait par les mêmes règles qu'en droit romain, nous ne parlerons que de la dot mobilière, à l'égard de laquelle la jurisprudence des parlements n'était pas uniforme et présentait d'assez grandes variations. Nous allons

---

(1) Art. 540.
(2) Bretonnier sur Henrys (loc. cit.). Dupin sur Ferron, lettre F, n° 14, page 127.

examiner sur quels points ils s'étaient écartés des traditions de la loi romaine.

8. Dans cette revue rapide de l'ancienne jurisprudence, il importe de distinguer les meubles corporels des choses incorporelles qui, dans certains parlements, constituaient une espèce de biens soumise à des règles particulières.

Nous verrons aussi qu'il faut tracer une ligne de démarcation distincte entre les actes consentis par le mari et ceux qui émanent de la femme pendant le mariage ou après la séparation de biens. La capacité des époux n'était pas la même à l'égard des biens dotaux, et la loi se montrait plus rigoureuse envers la femme. Ainsi, le mari pouvait disposer à son gré des choses mobilières qui se consomment par l'usage et qui consistent en nombre, poids et mesure, telles que les sommes d'argent. Ce droit ne lui était refusé par aucun parlement; il était considéré comme une conséquence nécessaire de son usufruit sur les biens dotaux. Il n'en était pas de même pour la femme séparée de biens; son droit de disposition, même à l'égard des meubles fongibles, se restreignait dans certaines limites.

9. Après ces observations, entrons dans les détails de la question.

C'est par le parlement de Toulouse, situé au

contre d'une des provinces les plus attachées à
la dotalité, qu'il convient de commencer nos
recherches.

Si plusieurs parlements, exagérant l'esprit de
conservation du régime dotal, avaient étendu
aux meubles le privilége de l'inaliénabilité,
d'autres étaient restés dans de plus sages limites
et n'avaient point outrepassé la protection que
les lois romaines accordaient aux intérêts de
la femme. Le parlement de Toulouse était de
ce nombre. Il reconnaissait au mari le droit
de disposer à son gré de la dot mobilière, sans
distinction entre les meubles fongibles et les
meubles non fongibles.

10. Despeisses (1), il est vrai, se prononce
contre l'aliénabilité des meubles dotaux, mais
cette opinion est isolée. Il se trouve en contradiction avec une jurisprudence constante et la
doctrine de la plupart des auteurs.

L'annotateur de Despeisses s'exprime ainsi (2):

« Lorsque l'aliénation des meubles apportés
en dot par la femme a été faite par le mari, ni
elle, ni ses héritiers, ne peuvent révoquer cette
aliénation, quoiqu'il s'agisse de meubles meu-
blants et non estimés, et parce que le mari
n'est point simple dispensateur de ces meubles,

---

(1) T. 1, p. 508.
(2) P. 493, col. 1.

qu'il en est comme le maître et propriétaire, et que la prohibition de la loi Julia ne s'étend point sur le mobilier apporté en dot par la femme. S'il en était autrement, le commerce des meubles serait trop gêné.

« Il faut en dire autant d'une action et d'une créance qui appartient à la femme et qui est dotale; le mari peut la céder ou en recevoir le remboursement (1) (Catelan, l. 4, ch. 47), même d'une rente constituée dotale, car toutes les actions concernant la dot appartiennent au mari pendant le mariage. Mais la cession et transport, que le mari ferait de la rente constituée dotale, n'empêcherait pas que la femme n'en pût révoquer l'aliénation, tandis qu'elle subsisterait, attendu que les rentes constituées ont suite par hypothèque, pendant tout le temps qu'elles subsistent, *secus* si elle se trouvait éteinte ou remboursée. »

D'après Catelan (2) et Fromental (3), « les « créances dotales pécuniaires, quoique assor- « ties d'une hypothèque, ne sont nullement ina- « liénables entre les mains du mari, parce que « ce sont choses mobilières étrangères à la « prohibition de la loi Julia. »

---

(1) Arrêts remarquables du parlement de Toulouse.
(2) Liv. 4, chap. 47, t. 2, p. 123.
(3) V. Dot, t. 1, n° 254.

Juin (1), conseiller au parlement de Toulouse, et Serres (2), reproduisent la même
opinion, en s'appuyant sur les mêmes motifs.

Enfin, pour ne pas abuser des citations, je
termine en citant Despeisses, ce champion si
dévoué de l'inaliénabilité. Cet auteur reconnaît que la prescription court pendant le mariage à l'égard des créances dotales, et qu'elle
est opposable à la femme, l'époque de la restitution de la dot arrivant, dans le cas même
où le mari serait insolvable (3).

On peut désormais tenir pour certain que,
dans le ressort du parlement de Toulouse, la
dot mobilière sans distinction était aliénable
entre les mains du mari.

M. Tessier (4), il est vrai, prétend que si les
tiers acquéreurs se trouvaient protégés contre
la revendication de la femme, c'était en vertu
de la maxime : « En fait de meubles possession
vaut titre, » maxime admise dans notre ancien
droit. Mais cet auteur ne remarque pas que, si
la dot mobilière était inaliénable, comme il le

---

(1) Journal du Palais, t. 6, p. 46 et 47, mars 1736.
(2) Inst., p. 103, cité par Merlin, Questions de droit, V, Légitime, § 8,
p. 107.
(3) Despeisses, titre de la Dot, sect. 3, n° 30, t. 1, p. 510, V° Merlin,
Quest. de droit, Prescription, § 6, art. 3, t. 4.
(4) Quest. sur la dot, p. 105.

prétend, la maxime qu'il invoque ne suffirait pas pour mettre les tiers à l'abri de l'action de la femme, dans le cas où ils auraient acheté de mauvaise foi, c'est-à-dire lorsqu'ils auraient eu connaissance de l'origine dotale de ces valeurs mobilières.

11. Nous devons signaler ici une différence qui existe entre les meubles corporels et les meubles incorporels, relativement au droit de saisie. La femme avait le droit de demander la cassation de la saisie des premiers pour dettes du mari (1). Quant aux meubles incorporels, tels que les créances, ils pouvaient être saisis par les créanciers du mari, sauf à la femme, si les biens de ce dernier sont en distribution, à s'opposer à la récréance des sommes arrêtées (2). Cette différence entre ces deux espèces de meubles s'explique, disent les anciens auteurs, par la diversité de leur nature. Les uns restent la propriété de la femme, tandis que les autres ont pour objet un capital dont le mari a le droit de se faire payer, dont il de-

---

(1) Despeisses, annotateur de Despeisses et Fromental cités ci-dessus. Cependant les meubles garnissant la maison louée demeuraient subsidiairement obligés pour les loyers dus par le mari, Catelan rapporte et approuve un arrêt rendu en ce sens le 19 janvier 1695 (liv. 5, tit. 2, p. 211). V° Serres, Inst., p. 565.

(2) Roussilhe, de la Dot, t. 1, n° 254.

vient propriétaire, et dont il est maître de faire ce qu'il veut après l'avoir touché (1).

12. Pendant le mariage, la femme ne peut céder ses actions ou obligations dotales sans l'assistance de son mari, parce qu'elle n'a pas l'exercice des actions dotales qui résident sur la tête de ce dernier; mais elle peut faire, avec le concours de son mari, tout ce que celui-ci peut faire seul. Un arrêt du 7 thermidor an XII, intervenu dans l'espèce d'une donation consentie par la femme avec l'autorisation de son mari, décide que la donation est valable d'après la jurisprudence du parlement de Toulouse.

13. Les obligations que la femme aurait contractées pendant le mariage, ne peuvent recevoir d'exécution sur les biens dotaux après la dissolution de l'union conjugale.

14. En vertu d'un principe nouveau qui n'a rien de commun avec le principe de l'inaliénabilité dotale, et qui ne dérive que de l'incapacité présumée de la femme, la dot mobilière disponible entre les mains du mari devient indisponible entre les mains de la femme séparée de biens. Lorsque la dot consiste en une somme d'argent dont la dissipation est si facile,

---

(1) Serres, Inst., p. 103. Soulages, sur d'Olive, liv. 3, chap. 26 et 29,

la femme ne peut la toucher qu'à la charge d'un placement ou d'un bail à caution, à moins qu'il ne s'agisse d'une somme modique, auquel cas la femme a tout pouvoir d'en négocier et de l'aliéner (1).

15. Le parlement de Toulouse était le seul où se fût maintenu le privilége de la loi *Assiduis*, d'après laquelle la femme avait sur tous les biens de son mari une hypothèque tacite qui la rendait préférable même aux créanciers hypothécaires dont le titre était antérieur au mariage.

16. En Provence, nous trouvons des témoignages contradictoires.

Boniface (2) cite un arrêt du 18 décembre 1670, qui a jugé que le mari dont la femme s'était constitué en dot tous ses biens, avait pu valablement traiter et transiger des droits de la femme, quoiqu'elle fût mineure lors de la transaction, et qu'il fût même question d'un compte tutélaire.

Roussilhe se prononce pour l'aliénabilité de la dot mobilière. Il cite Catelan et l'arrêt précédent.

---

(1) Vedel, sur Catelan, liv. 4, chap. 45. Laviguerie, Arrêts inédits du parlement de Toulouse.

(2) Serres fait mention d'un arrêt semblable du parlement de Toulouse, 11 août 1705.

Le nouveau Denizart soutient la même doctrine, et décide que le mari peut traiter valablement des créances dotales. Cependant, selon plusieurs auteurs, le débiteur n'était pas libéré d'une manière définitive par la prescription de la créance dotale consommée pendant le mariage. La femme pouvait exercer l'action de cette créance si le mari était insolvable au moment de la restitution de la dot (1).

17. M. Tessier, et après lui M. l'ont, citent comme une preuve contre l'aliénabilité de la dot mobilière, le droit qu'avait la femme, au décès du mari, de reprendre entre les mains des tiers détenteurs les rentes dotales transportées par celui-ci, si elles n'avaient pas été éteintes par le remboursement du capital ; mais ces auteurs ont sans doute oublié que le parlement d'Aix, à la différence du parlement de Bordeaux, mettait les rentes constituées au nombre des immeubles (2).

18. Occupons-nous maintenant du droit de la femme à l'égard des biens dotaux. Sur ce point il n'y a point de controverse. Tous les auteurs sont d'accord pour considérer la dot comme inaliénable sans distinction entre les

---

(1) V. pour les autorités M. Tessier, note de la p. 113, Quest. sur la dot.
(2) Julien, Statuts de Provence, t. 2, p. 557. Salviat, p. 426.

mains de la femme. Julien exprime (1) « que la femme ne peut, pendant le mariage, aliéner ni engager sa dot, soit que la dot consiste en argent, en meubles ou immeubles. » D'une autre part, Dupérier dit « que l'opinion commune est, en Provence, que l'obligation de la femme est nulle sans distinction des biens dotaux et paraphernaux ».

Cette défense de s'obliger sur les paraphernaux n'est qu'un statut personnel, et dérive de l'incapacité Velléienne.

19. Lorsque la femme a succédé à l'administration de son mari par suite d'un jugement en séparation de biens, la dot, si elle consiste en choses fongibles, ne lui est remise qu'avec les précautions déjà exigées par le parlement de Toulouse.

20. Le parlement de Grenoble était un de ceux qui se montraient le plus favorables au principe de la liberté des biens.

D'après la jurisprudence de ce parlement, les créances dotales, et en général toutes les actions qui ont pour objet un capital mobilier, sont de libre disposition entre les mains du mari. En conséquence, la prescription contre les créances dotales courait au profit des débiteurs, sans recours de la femme à la dissolu-

---

(1) El. de jurispr., p. 57.

tion du mariage, même en cas d'insolvabilité du mari (1).

21. Le parlement de Grenoble allait encore plus loin dans cette voie. Il considérait les créances comme une troisième espèce de biens différente des meubles et des immeubles, et jugeait que le mari était maître même des actions ayant pour objet un immeuble, d'après ce motif, qu'il ne se fait pas tradition des créances, et que la loi romaine n'attachait la dotalité et l'inaliénabilité qu'à la tradition du fonds (2).

22. A l'égard des meubles corporels non fongibles, la jurisprudence ne se montrait pas plus rigoureuse. M. Pont (3) cite un arrêt du 14 août 1600, rapporté par Expilly, chap. 123, d'après lequel la femme et ses héritiers auraient eu la faculté de faire casser l'aliénation des meubles consentie par le mari, lorsque ces meubles ne consistaient pas en poids, nombre et mesure. Cette citation se trouve aussi dans l'ouvrage de M. Troplong (n° 3320, t. IV), quoique ce dernier auteur soutienne la thèse de l'aliénabilité. L'arrêt est cité d'une manière

---

(1) Chorier sur Guy-Pape, sect. 2, art. 224, note A.

(2) Duport-Lavillette, Quest. de droit, t. 3, p. 27 et suiv. Benoît, t. 10, p. 250 et suiv.

(3) Journal du Palais, 1851, t. 2, p. 518.

inexacte. Il se rapporte, non à une aliénation de meubles dotaux, mais à la vente d'un fonds dotal. Le point de jurisprudence en question ne peut donc reposer sur cet arrêt.

Nous voyons, au contraire, dans plusieurs arrêts émanés du parlement de Grenoble, que la dot mobilière est aliénable sans distinction. D'après ces arrêts la femme peut, avec l'autorisation de son mari, faire donation de ses meubles dotaux non fongibles, même à des étrangers (1).

23. Lorsque le dérangement des affaires du mari entraînait l'expropriation de ses biens, le montant de la collocation accordée à la femme devait recevoir un placement sûr et convenable, afin qu'elle pût en toucher les intérêts sans en dissiper le capital.

24. Le parlement de Bordeaux (2) suivait un droit exceptionnel. Nous avons déjà vu plus haut que les biens dotaux, meubles ou immeubles, pouvaient être aliénés, si la femme donnait son consentement à l'aliénation, pourvu qu'elle trouvât, dans les biens de son mari, une récompense suffisante. Hors ces

---

(1) Duport-Lavillette, Sup., t. 2, p. 518.

(2) Le mari n'avait pas le droit d'exercer seul, soit en demandant, soit en défendant, aucune action réelle relative aux biens dotaux (Salviat, p. 196).

deux conditions, la dot était inaliénable sans distinction. Le mari ne pouvait disposer que des meubles fongibles ou des meubles estimés. L'aliénation des meubles non fongibles lui était cependant permise, s'ils étaient périssables.

25. Quant aux choses incorporelles, qui formaient une troisième classe de biens, le mari n'a pas le droit d'en disposer, bien qu'il ait reçu, dans le contrat de mariage, les pouvoirs les plus étendus pour agir au nom de sa femme, avec dispense de donner caution ou de fournir emploi. Ainsi, la dot constituée en obligations n'est jamais sujette aux dettes du mari, et ses créanciers ne peuvent ni saisir ni arrêter les capitaux des sommes dotales, pour quelque cause et prétexte que ce soit ; un arrêt du parlement en date du 19 juin 1607, rapporté dans Automne, avait étendu la décision à la saisie des meubles corporels mis à prix dans le contrat, mais dans un cas où le mari était insolvable (1).

26. La dot est aussi inaliénable entre les mains de la femme pendant le mariage ou après la séparation de biens. La loi lui permet cependant de renoncer, d'une manière valable, aux hypothèques et priviléges qui lui sont accordés pour sûreté de sa dot et conventions

---

(1) V. Salviat, Jurisprud. du parl. de Bordeaux, Dot, n° 9.

matrimoniales, si elle trouve, dans les biens de son mari, de quoi répondre de ses droits dotaux.

27. Le parlement de Paris comprenait, à la fois, dans son ressort, des pays de coutume et des pays de droit écrit, et parmi ceux-ci le Lyonnais, le Maconnais, le Forez, le Beaujolais et une partie de l'Auvergne.

28. La coutume d'Auvergne (tit. 14, art. 3), disait : « Le mari ou la femme, conjointement ou séparément, constant le mariage ou fiançailles, ne peuvent vendre, aliéner, permuter, ni autrement disposer des biens dotaux de ladite femme au préjudice d'icelle, et sont telles dispositions et aliénations nulles et de nul effet et valeur, et ne sont validées par serment.

« Art. 4. Mais quand ladicte femme est duement récompensée de fonds et chevance certains, en ce cas, est au choix de ladicte femme mariée ou ses descendants, dedans an et jour après le trépas de son mari, recouvrer et soi tenir à la chose dotale ou à ladicte récompense, et, ledit temps passé, ne pourra revenir à la chose dotale, posé que la récompense ne fut suffisante, si ce n'est en cas d'éviction. »

C'est l'idée de la Novelle 61 qui se retrouve dans la coutume d'Auvergne.

29. D'après la jurisprudence du parlement

de Paris, l'expression *biens dotaux* était générale et comprenait la dot mobilière.

Plusieurs arrêts décident que la règle de
l'inaliénabilité, tempérée par l'application des
principes de la Novelle 61, devrait être observée à l'égard de tous les biens meubles ou
immeubles.

En conséquence, les meubles dotaux corporels ne pouvaient être saisis pour dettes du
mari.

La libération, résultant de la prescription
des créances dotales, était subordonnée à la
solvabilité du mari, à l'époque de la restitution de la dot.

30. Quant à la femme, elle ne pouvait
engager même sa dot, en deniers, pour l'exécution des obligations qu'elle avait contractées
pendant le mariage avec l'autorisation de son
mari.

On jugeait de même à l'égard des obligations postérieures à la séparation de biens (1).

31. Un édit de Louis XIV, rendu en 1664,
malgré l'opposition du premier président La-
moignon, avait abrogé la loi Julia dans le
Lyonnais, le Maconnais, le Forez et le Beaujolais. Depuis longtemps le principe qui soustrait

---

(1) Brodeau sur Louët, lettre D, n° 6. Arrêts du parlement de Paris,
18 mai 1657 et 13 juillet 1658.

les biens de la femme à la circulation, avait été obligé de céder devant les besoins du commerce et de l'industrie, auxquels ces provinces doivent leur prospérité et leurs richesses. L'édit du 21 avril 1664 constate que, par suite d'un long usage, la loi Julia ne s'observait plus dans les pays dont il s'agit, et qu'en conséquence les biens dotaux y étaient sujets aux obligations contractées par la femme.

32. Voici les termes de l'édit :

« Nous, de l'avis de notre conseil, et de notre certaine science, pleine puissance et autorité royale, avons déclaré, statué et ordonné, déclarons, statuons et ordonnons par ces présentes signées de notre main, voulons et nous plaît que toutes les obligations ci-devant passées et qui se passeront à l'avenir sans aucune force ni violence par les femmes mariées dans notre dite ville de Lyon, pays du Lyonnais, Maconnais, Forez et Beaujolais, sur lesquels aucun arrêt n'est encore intervenu, soient bonnes et valables, et que par icelles les femmes aient pu par le passé et puissent à l'avenir obliger valablement, sans aucune distinction, tous et chacun de leurs biens dotaux et paraphernaux, mobiliers et immobiliers, sans avoir égard à la disposition de la susdite loi Julia, que nous avons abrogée et abrogeons à cet égard, sans qu'en ladite ville et pays susdits l'on puisse plus y faire aucun fondement ni y avoir aucun égard. »

Ainsi, comme on le voit, l'édit ne fait que sanctionner un état de choses déjà subsistant, et prononce l'abrogation de la loi Julia, non-seulement pour l'avenir, mais encore pour le passé (1).

33. Il ne faut pas confondre la déclaration de 1664 avec l'édit de 1606, rendu sous Henri IV, qui abolit le sénatus-consulte Velléien dans tout le royaume, pour mettre fin aux nombreux procès que soulevait l'interprétation des clauses de renonciation. La loi Julia réglait les biens dotaux, tandis que le sénatus-consulte ne pouvait recevoir d'application que pour les biens libres ou paraphernaux. Cet édit, qui ne portait pas atteinte au principe de l'inaliénabilité dotale, ne fut enregistré qu'au parlement de Paris, et fut confirmé par la déclaration de 1664, qui en limitait l'application aux seules provinces pour lesquelles l'abrogation de la loi Julia avait paru nécessaire.

34. Nous avons exposé les décisions les plus

---

(1) Henrys et Bretonnier parlent en détail de cet édit et nous apprennent les circonstances dans lesquelles il fut rendu (Bret. sur Henrys, t. 2 quest. 141).

remarquables que nous offrent les parlements sur la condition de la dot mobilière.

35. Des cinq cours souveraines qui réunissaient sous leur juridiction les pays attachés au régime dotal, deux, celles de Toulouse et de Grenoble, donnaient au mari la pleine disposition des meubles dotaux. Le parlement de Toulouse refusait, il est vrai, aux créanciers du mari le droit de saisir les meubles corporels, mais ce refus du droit de saisie n'infirmait en rien le principe de l'aliénabilité. En effet, nous verrons que, sous le Code, le droit de saisie n'appartient pas aux créanciers du mari, quoique, selon notre opinion, la dot mobilière soit aliénable. Dans le ressort du parlement de Grenoble, l'aliénabilité n'était attachée qu'au fonds dotal lui-même, et le mari pouvait disposer des actions ayant pour objet un immeuble.

35. Au parlement d'Aix la question était controversée, et nous trouvons des auteurs et des arrêts qui se prononcent en sens contraire.

36. Le parlement de Bordeaux n'admettait l'aliénabilité de la dot que sous certaines conditions. Ce parlement avait une jurisprudence particulière. Par une dérogation au droit commun de la dotalité, il refusait au mari l'exercice des actions pétitoires dotales, tant en demandant qu'en défendant.

37. Quant aux pays compris dans le ressort du parlement de Paris, il y en avait quatre, le Lyonnais, le Maconnais, le Forez et le Beaujolais, où la loi Julia n'était pas observée. En Auvergne, l'inaliénabilité avait été tempérée comme à Bordeaux par l'application des principes de la Novelle 61.

38. A l'égard de la femme, tous les parlements étaient d'accord. Elle n'avait pas le pouvoir d'aliéner sa dot pendant le mariage. Cette incapacité tirait son motif chez les uns de l'indisponibilité des biens eux-mêmes ; chez les autres, du droit conféré au mari d'exercer seul les actions dotales et de son usufruit sur les biens dotaux.

39. Après la séparation de biens, les conséquences de la dotalité s'aggravaient. Tous les parlements, même ceux où la dot mobilière était considérée comme aliénable, la frappaient d'indisponibilité entre les mains de la femme. Si la dot consistait en sommes d'argent ou en meubles périssables, elle n'était remise à la femme qu'avec certaines précautions, pour la garantir contre ses propres faiblesses et la fragilité naturelle à son sexe (*ne sexus muliebris fragilitas in perniciem substantiæ ejus verteretur*). C'est dans le même esprit que le parlement de Provence déclarait nulles les obligations contractées par la femme sans dis-

tinction entre les biens dotaux et les biens paraphernaux. Mais ce n'était là, comme nous en avons déjà fait l'observation, qu'un statut personnel qui tenait à l'incapacité présumée de la femme et dérivait d'un tout autre ordre d'idées que l'inaliénabilité dotale.

QUESTIONS TRANSITOIRES.

40. La prohibition d'aliéner le fonds dotal est un statut réel. Elle est établie en faveur de la chose et ne tient pas à l'incapacité de la personne, puisque la femme reste capable à l'égard de ses biens paraphernaux dont elle peut disposer comme elle le juge à propos. En conséquence, lorsqu'une femme s'est mariée sous l'empire de l'ancienne jurisprudence, ce n'est pas la loi du domicile matrimonial qu'il faut consulter pour savoir quelle est la condition des biens, mais la loi du lieu où sont situés ces biens. Si, par exemple, une femme, mariée sous la coutume de la Marche, qui frappait d'inaliénabilité les biens dotaux, recueille une succession dans le Beaujolais où la loi Julia avait été abrogée, les biens faisant partie de la succession peuvent être aliénés.

Il faudrait appliquer la décision inverse si une femme mariée et domiciliée à Paris avait acquis des biens dans le ressort d'une coutume où la dot est inaliénable.

Telle était la théorie des anciens auteurs. La Cour de cassation a fait l'application de ces principes dans deux arrêts à la date du 16 mai 1831 (1) et du 11 janvier de la même année (2).

11. A l'égard de la dot mobilière la règle est différente. C'est à la loi du domicile matrimonial qu'il faut se référer pour régler le sort des actes de disposition consentis sur cette dot. En effet, comme les meubles par leur nature n'ont pas d'assiette fixe, si l'on s'attachait au lieu de la situation des biens, il serait au gré des époux de changer continuellement la loi de leur contrat de mariage, en déplaçant leur domicile (3).

12. Pendant toute la durée du mariage, les biens dotaux restent soumis à la loi sous l'empire de laquelle ils ont été constitués. Ainsi, lorsque le contrat de mariage remonte à une époque antérieure à la promulgation du Code, la dot ne peut être aliénée que sous les conditions et dans les circonstances où l'aliénation

---

(1) Dalloz, 31, 1, 151.

(2) Dalloz, 31, 1, 51 ; Junge, Caen, 8 décembre 1828 (D., 32, 2, 21, 22).

(3) MM. Tessier, de la Dot, t. 1, n° 79 ; Troplong, t. 4, n° 3317 ; Roussilhe, t. 1, n°s 373 et suiv.

en était permise par la loi en vigueur au moment de la constitution de dot. La question présente plus de difficultés lorsqu'il s'agit de biens advenus à la femme depuis la promulgation du Code, et qui ont été soumis à la dotalité par une constitution de biens présents et à venir faite sous l'empire des anciennes lois.

La condition de ces biens doit-elle se régler par les dispositions législatives actuellement en vigueur, ou par la loi de la coutume sous laquelle la femme s'est mariée ?

43. Ce point de droit a été jugé dans un arrêt que nous avons cité plus haut (1). Voici l'espèce sur laquelle est intervenu cet arrêt. D'après les principes du droit normand, les biens échus à la femme par succession en ligne directe faisaient partie de la dot, et, comme tels, étaient inaliénables. La loi du 17 nivôse an II abrogea ce statut de la coutume de Normandie.

La Cour de cassation a décidé que cette loi n'était pas applicable aux successions échues à la femme depuis sa promulgation, lorsque le contrat de mariage datait d'une époque antérieure. Il faut donc, dans tous les cas, se réfé-

---

(1) Arrêt de rejet du 11 janvier 1831.

rer à la loi en vigueur au moment de la constitution de dot, pour déterminer le caractère et
la condition des biens. Les époux ont compté
sur l'immutabilité de leurs conventions matrimoniales ; il y a droit acquis en leur faveur ;
le principe de la non-rétroactivité des lois
exige que ce droit soit respecté.

44. Toutefois, nous devons décider que les
formalités de procédure, décrétées par une loi
nouvelle, saisissent les actes faits sous son
empire, car la forme est régie par la loi con-
temporaine. Tels sont les principes en matière
d'effet rétroactif.

DROIT ACTUEL.

1. Au moment de la rédaction du Code, deux régimes se trouvaient en présence, le régime dotal et le régime de la communauté. L'un, peu connu à Paris et dans les départements du nord, était presque le seul en vigueur dans les provinces méridionales où le droit écrit avait jeté les plus profondes racines. L'autre tirait son origine des coutumes et formait le droit commun de la France (1). Le premier projet du Code présenté par M. Portalis, au nom d'une commission formée par le gouvernement, ne tenait aucun compte des habitudes des pays de droit écrit, et l'on n'y trouvait aucune disposition qui autorisât expressément le régime

(1) Quelques pays de coutumes, la Normandie, l'Auvergne, la Marche, Reims, avaient adopté le régime dotal (Berlier, Exposé des motifs

dotal. Les provinces du midi adressèrent au conseil d'État de vives réclamations contre la suppression de leur régime favori.

Un nouveau projet de loi fut présenté au conseil d'État le 6 vendémiaire an XII (1). Mais bien que dans ce projet il fût permis aux époux de stipuler que leurs biens seraient dotaux en tout ou en partie, le régime dotal qu'il consacrait n'avait guère de ce régime que le nom ; il correspondait à l'association conjugale qui se forme aujourd'hui, lorsque les époux se marient sans communauté ; et, quant à l'inaliénabilité dont les parlements avaient fait la base même et le principe essentiel du régime dotal, elle était formellement proscrite par l'art. 138 du projet, dont voici les termes :

« Les immeubles constitués en dot, même « dans le cas du présent paragraphe, ne sont « point inaliénables ;

« Toute convention contraire est nulle. »

Les partisans de la dotalité ne purent pas se tenir pour satisfaits de cette concession apparente. Aussi, quand l'art. 138 du projet fut soumis à la discussion dans cette même séance du 6 vendémiaire an XII, il fut l'objet d'un vif débat, à la suite duquel le conseil d'État, tout en conservant ses préférences pour le régime

---

(1) V. Locré, t. 13, p. 122 et suiv.; Fenet, t. 13, p. 492.

de communauté, qui resta le droit commun de la France, admit cependant par transaction la règle de l'inaliénabilité.

L'art. 138 du projet fit place à l'art. 1554 du Code Napoléon :

« Les immeubles constitués en dot ne peu-
« vent être aliénés ou hypothéqués pendant le
« mariage, ni par le mari, ni par la femme, sauf
« les exceptions qui suivent ».

2. Voici le principe fondamental de la dotalité consacré dans notre législation moderne.
Mais quelles sont les conséquences et la portée
de ce principe dont l'application a soulevé tant
de procès et de controverses? L'inaliénabilité
que l'art. 1554 applique d'une manière expresse
aux immeubles, doit-elle être étendue à la dot
mobilière?

3. Trois systèmes principaux se sont produits
sur cette question, l'une de celles qui divisent
le plus profondément la doctrine et la jurisprudence.

Avant d'examiner le mérite de ces divers systèmes, nous allons les exposer rapidement et
retracer les points dominants de la discussion.

4. Le premier est soutenu par le plus grand
nombre des auteurs, et confirmé par quelques
arrêts des cours d'appel (1). Quoique partant

---

(1) Caen, 24 août 1822; Paris, 26 mars 1820; Lyon, 16 juillet 1840.

d'un point de vue différent, les partisans de ce système arrivent au même résultat, qui est la disposition pleine et entière de la dot mobilière entre les mains du mari, sans distinction entre les meubles fongibles et les meubles non fongibles. Les uns attribuent les pouvoirs du mari à sa qualité de seigneur et maître de la dot, qu'il avait en droit romain, et qu'il aurait conservée dans notre Code. Selon les autres, il agit au nom de sa femme comme *procurator*, et la représente légalement dans tous les actes d'aliénation qu'il consent sur la dot.

Dans ce système, la femme, tant que dure l'union conjugale, ne peut faire aucun acte qui porte atteinte au droit du mari; mais après le jugement de séparation de biens, lorsque le droit du mari qui faisait obstacle au sien est disparu, elle succède à sa gestion et à sa capacité de disposer de la dot.

6. D'après le second système (1), le principe d'inaliénabilité s'applique à la dot mobilière comme à la dot immobilière. Le mari n'est qu'un usufruitier investi des pouvoirs d'administration les plus étendus; mais en dehors de ses pouvoirs d'administration l'aliénation des meubles lui est interdite. Cette règle ne reçoit

---

(1) MM. Delvincourt, Grenier, Dalloz aîné, Rolland de Villargues, Massé, Rodière et Pont, Tessier.

d'exception, que si la dot consiste en meubles corporels, dont la disposition doit être maintenue, par application de la maxime : *en fait de meubles, possession vaut titre*, lorsque les tiers les ont acquis sans connaître leur origine. Mais quant aux objets incorporels que cette maxime ne concerne point, et qui, dès lors, peuvent être saisis entre les mains des tiers acquéreurs, lorsque la transmission en a été opérée au mépris d'une prohibition légale, ou quant aux objets corporels non livrés, le principe de la dotalité reprend son empire, et peut servir de base à une action en revendication, ou au refus d'exécution de l'acte d'aliénation.

Après la séparation de biens, l'inaliénabilité continue à peser sur la dot. Elle est protégée contre les actes consentis par la femme, comme elle l'était contre ceux qui émanaient du mari. La femme, quoique propriétaire, n'est pas plus capable que ce dernier à l'égard des meubles dotaux.

6. Il nous reste maintenant à exposer le système de la jurisprudence.

Il ne faut pas croire, ainsi que l'ont proclamé plusieurs arrêts des cours impériales, et comme répètent après eux quelques auteurs (1), que le

(1) M. Odier, quoique partisan de l'aliénabilité de la dot mobilière, semble croire que, d'après la jurisprudence de la cour de cassation, le mari est incapable de disposer de cette dot (t. 3, n° 1241). Même doctrine dans M. Tessier (t. 1, p. 330).

la jurisprudence consacre d'une manière absolue l'inaliénabilité de la dot mobilière.

La Cour de cassation admet, il est vrai, le
principe de l'inaliénabilité relativement aux
meubles dotaux ; mais après avoir posé ce principe dans les considérants de ses arrêts, elle
recule devant ses conséquences, et, adopte un
système de conciliation, que repoussent avec
une égale énergie les partisans des deux systèmes absolus dont nous venons de parler. Pour
bien comprendre sa théorie sur cette impor-
tante question, il importe de distinguer avec
soin les actes qui émanent du mari seul, et ceux
qui ont été consentis par la femme pendant
l'administration du mari, ou après le jugement
de séparation de biens.

7. La Cour suprême, saisie de la question,
le 1ᵉʳ février 1819, décide d'un côté dans un
arrêt de rejet émané de la chambre civile, qu'il
n'est pas permis à la femme d'aliéner sa dot
mobilière directement ou indirectement, ni d'en
compromettre la restitution ou la conservation
par des engagements quelconques ; mais en
même temps elle ajoute que cette dot est *dans
le domaine du mari*, qui en est le maître, et qui
a, dès lors, le droit d'en disposer à son gré,
sauf le recours de la femme, que la règle d'inaliénabilité consacrée quant à elle, ne lui permet
pas d'abdiquer.

« Le mari étant seul maître de la dot mobi-
« lière, *est il dit dans cet arrêt*, lui seul peut
« en disposer, et ainsi la femme se trouvant
« dans l'heureuse impuissance d'aliéner elle-
« même directement ses meubles ou deniers
« dotaux, il était inutile de lui en interdire
« l'aliénation. »

Cet arrêt n'est pas isolé et a servi de modèle
aux décisions ultérieures de la Cour, lesquelles
jugent d'une part que le mari a le droit de céder
les valeurs mobilières frappées de dotalité, sans
aucune distinction entre les objets corporels et
les choses incorporelles, telles que les rentes
dotales et les créances même non échues (1);
d'autre part, quant à la femme, qu'elle ne peut
ni subroger les créanciers de son mari dans le
bénéfice de l'hypothèque légale qui garantit la
restitution de la dot (2), encore qu'elle se soit
réservé le droit d'aliéner ses immeubles
dotaux (3), ni renoncer au bordereau de colla-
tion qui lui a été délivré sur le prix des immeubles de son mari pour le remboursement
de sa dot mobilière (4).

8. L'arrêt du 1er février 1819, s'inspirant des

---

(1) Arrêts des 12 août 1846 ; 29 août 1848 ; 18 février 1851.
(2) Arrêt de rejet du 26 mai 1856.
(3) Cass., 2 janv. 1837 ; rej., 31 janvier 1842.
(4) Cass., 23 déc. 1830.

idées romaines, donne au mari la qualité de
seigneur et maître de la dot. Dans ses autres
arrêts, la cour de cassation, sans modifier les
pouvoirs qu'elle a déjà attribués au mari, les
fait dériver, non plus de son droit de propriété,
mais de son droit d'administration.

Voici les termes de l'arrêt du 12 août 1846,
qui méritent d'être rapportés, parce qu'ils ex-
posent d'une manière complète la théorie de la
jurisprudence et les motifs sur lesquels elle se
fonde (1).

« Le mari, *administrateur* des biens dotaux,
a le droit de recevoir le remboursement des
capitaux, et par conséquent, celui de disposer
de ces mêmes capitaux, alors qu'aucune condition d'emploi n'a été stipulée. — De ce que la
dot mobilière est inaliénable comme la dot
immobilière, il s'ensuit seulement que la femme,
même autorisée de son mari, ne peut aliéner,
ni directement ni indirectement, les droits qui
lui ont été assurés par la loi pour la conservation de sa dot; — ces droits sont un recours
contre le mari et une hypothèque légale à laquelle la femme ne peut renoncer; — c'est cette
créance contre son mari, c'est ce droit, garanti
par l'hypothèque, que la femme ne saurait perdre, même avec son consentement; mais le

(1) Dalloz, 46, 1, 206, 207.

mari qui reçoit le remboursement d'un capital
constitué en dot, qui en fait un emploi plus ou
moins utile, pour lui ou pour sa femme, ou
qui fait cession à un tiers d'une créance dotale,
ne fait qu'user du droit de libre disposition qui
lui appartient à cet égard, puisque la propriété
de la femme est convertie par la loi en une
créance contre le mari, lequel est personnellement et hypothécairement obligé à la restitution, après la séparation de biens, ou la dissolution du mariage. »

Ainsi donc, impossibilité pour la femme de
perdre son hypothèque légale, voilà à quoi se
réduit la dotalité, en ce qui concerne les valeurs mobilières, pendant l'administration du
mari.

9. Exposons maintenant la théorie de la jurisprudence à l'égard de la femme séparée de
biens.

Lorsque la femme a succédé à la gestion de
son mari par suite d'un jugement en séparation
de biens, les conséquences de la dotalité s'ag-
gravent. Comme à ce moment la conservation
de la dot n'est plus garantie par un recours
hypothécaire sur les immeubles du mari, les
biens dont celui-ci pouvait disposer comme administrateur, arrivent frappés d'indisponibilité
entre les mains de la femme. Cette jurisprudence reconnaît bien à la femme séparée le

droit de toucher les revenus, de recevoir les capitaux dotaux, mais lui interdit la faculté de s'en dépouiller par un mode quelconque d'aliénation, de les transmettre, soit par vente soit par cession d'hypothèque, de transiger, de compenser ce qu'elle doit avec les créances dotales (1). D'après un arrêt de cassation du 7 février 1843, la femme séparée de biens ne peut transiger sur sa dot mobilière ; elle ne peut en abandonner une partie pour toucher sur le champ le surplus ; elle a le droit de faire prononcer la nullité de cette transaction, quand même elle lui aurait été un instant avantageuse; les actes d'exécution n'y mettent pas obstacle (Devill., 43, 1, 282).

10. Nous ne pouvons admettre, comme le soutient M. Troplong (t. IV, n° 3248), que, d'après la jurisprudence, il soit défendu à la femme d'aliéner ses meubles dotaux avec le concours de son mari. — Il est bien évident que la femme peut faire conjointement avec son mari, ce que celui-ci pourrait faire seul. Si l'on compulse avec attention les arrêts qu'a rendus la cour de cassation sur cette matière, on voit qu'ils se rapportent tous à des espèces, où la femme se trouverait avoir perdu les droits

---

(1) Arrêts du 23 déc. 1839, et du 14 nov. 1848 (cass.) ; 31 janv. 1842 (rej.).

qui lui sont assurés pour la conservation de sa
dot. Ces droits doivent être à l'abri de toute
atteinte; c'est en ce sens seulement, que la
dot mobilière est inaliénable, pendant le mariage, de la part de la femme autorisée du
mari. D'ailleurs, l'arrêt du 1er décembre 1831,
vient trancher tous les doutes à cet égard:
« L'aliénation de la rente dotale faite directement par le mari, étant ainsi reconnue licite
et valable à l'égard des tiers, sauf le recours
hypothécaire de la femme contre son mari, il
doit en être de même de l'aliénation faite,
comme dans notre espèce, par la femme personnellement avec l'autorisation de son mari,
aucune disposition de la loi ne s'opposant à ce
que la femme puisse faire régulièrement avec son
mari, ce que celui-ci aurait pu faire seul. » Les
arrêts cités par le savant magistrat, à l'appui
de son assertion, ne contredisent en aucune
manière la doctrine émise dans l'arrêt précédent (1). La cour, il est vrai, par une décision
du 1er février 1819, déclare nulle une obligation consentie solidairement par le mari et
la femme. Mais pour quelle raison? Ce n'est
pas qu'elle veuille faire revivre l'incapacité du

(1) V. la note de la page 439, t. 4, où M. Troplong défend l'unité de
jurisprudence de la cour de cassation, contre les reproches inconsidérés
de ceux qui l'accusent de tomber dans des contrariétés d'arrêts.

sénatus-consulte Velléien; mais, c'est que les créanciers voulaient procéder à l'exécution sur les biens dotaux après le jugement de séparation de biens, à un moment où les droits de la femme avaient été liquidés, et où par conséquent elle était privée de son recours hypothécaire sur les immeubles du mari.

II. *Discussion.* — Auquel de ces différents systèmes devons-nous nous rallier? Si l'on s'attache au texte de la loi, la question n'est pas douteuse. — L'art. 1554 qui consacre, pour la première fois, le principe de l'inaliénabilité ne parle que des immeubles. Mais les défenseurs de l'inaliénabilité raisonnent ainsi pour suppléer au silence de la loi sur la condition de la dot mobilière : le régime dotal fut admis dans notre Code, sur les réclamations des pays de droit écrit. L'intention du législateur ne fut donc pas de créer un système nouveau ce qui aurait été fort mal répondre aux vœux des provinces du midi, mais de laisser subsister celui dont le maintien était demandé. Or, il est constant que dans l'ancienne jurisprudence, tous les parlements étaient d'accord pour étendre la règle de l'inaliénabilité à la dot mobilière. L'article 1554, il est vrai, ne parle que des immeubles, mais deux raisons ont motivé le silence de cet article en ce qui concerne les meubles : 1° cette prohibition eût été inefficace

à l'égard des tiers, toutes les fois qu'ils se seraient trouvés sous la protection de la maxime :
en fait de meubles, possession vaut titre; 2° elle
eût été inutile à l'égard de la femme, car le
droit du mari s'oppose à ce qu'elle puisse
aliéner elle-même directement ses meubles dotaux (1). D'ailleurs l'expression *biens dotaux*
dont se servent les art. 1558 et 1550, expression qui embrasse dans sa généralité les meubles comme les immeubles, démontre suffisam-
ment que l'art. 15 4 ne doit pas être pris dans
un sens restrictif.—D'après l'art. 1541 du Code
civil, tout ce que la femme se constitue ou qui
lui est donné en contrat de mariage, est dotal,
s'il n'y a stipulation contraire. La loi est générale, elle comprend dans la dotalité toutes les
natures de biens constitués. Or, à quoi servi-
rait d'avoir imprimé le caractère de dotalité
aux valeurs mobilières, si elles pouvaient être
aliénées? L'art. 1541 se trouverait évidemment
sans objet (2). Dotal est donc synonyme d'inaliénable ; c'est ce que prouve la disposition de
l'art. 1553, qui déclare que l'immeuble acquis
des deniers dotaux, n'est pas dotal, c'est-à-
dire n'est pas inaliénable. Si les meubles dotaux
étaient aliénables, on ne comprendrait plus la

---

(1) V. l'arrêt de cass. du 1er février 1810.
(2) V. arrêts ci-dessus cités.

prohibition de l'art. 1543, qui interdit, même
aux tiers, la faculté d'augmenter la dot pendant
le mariage. — L'art. 83 du Code de procédure
exige que toutes les causes intéressant la dot
de la femme, soient communiquées au ministère public. — Il résulte de cette disposition,
combinée avec celle de l'art. 1004, que la dot
ne peut être l'objet d'un compromis, et que par
conséquent elle ne peut être aliénée, puisque
d'après l'art. 1003, on ne peut compromettre
que sur les biens dont on a la libre disposition.
Enfin, après tous ces arguments de texte, les
champions de ce système invoquent l'esprit de
conservation qui préside au régime dotal; ils
ajoutent que la femme qui ne s'est constitué en
dot que des valeurs mobilières, a droit à la
protection de la loi tout aussi bien que celle
dont l'apport consiste en immeubles. Le pouvoir d'aliéner serait d'autant plus dangereux
à l'égard de ces valeurs, qu'elles peuvent être
plus facilement dissipées.

12. Nous croyons avoir exposé avec impar-
tialité les principaux motifs sur lesquels s'appuie cette doctrine. Ce système, qui sacrifie
toutes les considérations à l'esprit étroit de
conservation de la dot, nous paraît trop des-
tructif de toute bonne foi et de tout crédit, trop
nuisible à l'intérêt public, trop fécond en procès et en contestations de tous genres, trop

contraire à la nature des choses que l'on veut
retirer du commerce et de la circulation, trop
en opposition avec l'esprit général du Code, et
enfin trop dangereux pour les intérêts de la
femme elle-même que l'on prétend protéger,
pour qu'il nous soit possible de l'admettre au
mépris du texte de la loi qui l'exclut d'une manière formelle. — Il repose d'ailleurs sur une
assertion dont la vérité est très-contestable. A
Rome, où le régime dotal a pris naissance, le
principe d'inaliénabilité ne s'appliquait qu'au
fonds dotal. C'est un point qui ne fait plus doute
aujourd'hui, et qui est reconnu par tous les
commentateurs du droit romain (1). Plusieurs
parlements abandonnant, il est vrai, les traditions de la loi romaine, avaient étendu aux
meubles le privilège de l'inaliénabilité, mais
l'ancienne jurisprudence, ainsi que nous l'avons
prouvé plus haut, n'était pas aussi unanime
qu'on le prétend sur cette question. Domat remarque même comme une singularité que dans
quelques pays les meubles dotaux ne pouvaient
être aliénés (2). Dans les parlements même où
la dot mobilière était considérée comme inaliénable, le droit n'était pas uniforme et présen-

---

(1) V. l'exposé des motifs où il est dit que le Code a emprunté au droit
romain la règle de l'inaliénabilité des fonds dotaux.
(2) N° 15, sect. 1, tit. 9.

tait une foule de dissidences et de contradictions. Les effets de la dotalité étaient plus ou moins rigoureux, selon qu'il s'agissait de la femme ou du mari. Le principe d'inaliénabilité variait aussi d'étendue dans le ressort de chaque coutume. Tantôt la dot était aliénable sous certaines conditions; tantôt la disposition en était prohibée d'une manière absolue. La jurisprudence des pays de droit écrit nous offre encore un grand nombre d'autres règles particulières à chacun d'eux, et ne forme pas dès lors un tout homogène qu'on puisse importer dans notre législation moderne. Suivant la doctrine que nous combattons, le Code n'a pas réglé la condition de la dot mobilière, parce que dans l'impossibilité de prévoir tous les cas qui pourraient se présenter, il a voulu laisser à la jurisprudence le soin de tirer les conséquences du principe d'inaliénabilité. Il s'ensuit que chacun emprunte à l'ancien droit les règles qui sont à sa convenance, repousse les autres, et se forge un régime arbitraire qui n'existe que dans son imagination. Parmi les partisans de l'inaliénabilité de la dot mobilière, nous voyons se produire autant de systèmes que d'auteurs. — Mais en supposant même que l'ancienne jurisprudence fût unanime et uniforme sur la question qui nous occupe, dans le sens que chacun prétend, nous n'avons pas à appliquer les anciennes coutumes et les anciens usages abrogés par la loi du 30 ventôse an XII, mais le régime dotal tel qu'il est consacré par le Code. Or, la discussion qui eut lieu dans le sein du conseil d'État, au moment de la présentation du projet, prouve, jusqu'à l'évidence, qu'il n'est pas entré dans la pensée des rédacteurs du Code de faire participer les meubles aux mêmes priviléges que le fonds dotal. Le débat se résuma tout entier sur l'art. 138 du projet, qui déclarait que les *immeubles dotaux* n'étaient point inaliénables, et que toute stipulation contraire était nulle. — Sur les observations de M. Portalis, qui réclama en faveur des pays de droit écrit dont le système était entièrement sacrifié, le principe d'inaliénabilité fut admis, mais l'art. 1554 qui le consacre ne parle que des immeubles. - Quant aux meubles, ils restèrent en dehors de la discussion, parce que aucun doute ne s'élevait à leur égard, et que jamais les champions les plus ardents de la dotalité ne demandèrent qu'on leur appliquât le même privilége qu'aux immeubles (1).

La rubrique même de notre section déclare s'occuper de l'inaliénabilité *du fonds dotal*, expression d'autant plus significative que les rédacteurs viennent d'y parler des droits du mari sur les *biens dotaux*. Les articles 1557,

_____

(1) V. aussi l'Exposé des motifs qui ne parle que de l'immeuble dotal.

1558, 1559 et 1560 ne parlent également que
de l'immeuble dotal ou du fonds dotal ; si nous
trouvons le mot *biens dotaux* dans les articles
1555 et 1556, c'est que le législateur a dû se
servir ici de termes généraux puisqu'il s'agit
de régler la capacité de la femme et les droits
du mari à la jouissance. La femme, sous le régime
dotal comme sous le régime de communauté,
est aussi incapable d'aliéner ses meubles que
ses immeubles sans l'autorisation de son mari ;
il fallait une disposition expresse pour le lui
permettre. En outre, ces articles contiennent
une dérogation à la prohibition établie par l'article 1554. Leur but est de la restreindre ; or,
ne serait-il pas contraire à toute logique d'y
voir une extension de cette même prohibition,
et de prétendre que des dispositions, qui s'an-
noncent comme des dérogations, soient au contraire extensives du principe d'inaliénabilité,
et constituent une règle nouvelle. — S'il était
vrai que la dot mobilière fût inaliénable, il
faudrait, pour être logique, soutenir que la loi,
dans les cas prévus par l'art. 1558, n'ayant
apporté d'exception au principe d'inaliénabilité
que pour les immeubles, les meubles ne peuvent pas être aliénés dans les mêmes circonstances. — C'est à cette conclusion qu'est arrivé
le tribunal de la Seine. Des époux voulaient,
pour payer les dettes de la femme, vendre des

actions de la banque de France. Le tribunal décide que, dans l'espèce, ces actions étant meubles, et la faculté d'aliéner dans certains cas purement relative aux immeubles et ne pouvant pas dès lors être étendue aux meubles dans un régime où tout est de droit étroit, la vente était impossible (1).

Par les mêmes raisons, on devrait décider qu'il est défendu à la femme de se réserver, dans son contrat de mariage, le droit d'aliéner ses meubles, puisque l'art. 1557, qui permet de déroger par convention au principe d'inaliénabilité, ne statue que sur les immeubles (2).

Ce résultat absurde auquel on arrive forcément dans le système que nous combattons, suffirait pour le faire condamner. Mais poursuivons l'examen de ses raisons. L'argument tiré de l'art. 1541 n'est qu'une pétition de principe. Cet article, il est vrai, déclare dotal tout ce qui est constitué en dot à la femme, mais on ne peut conclure de là que tout ce qui est dotal soit inaliénable. C'est précisément ce qu'il s'agit de prouver. Vainement dit-on que la femme qui n'a que des meubles ne se trouverait pas mariée sous le régime dotal si la dot

<hr>

(1) 28 août 1849, Devill. 50, 2, 99. Ce jugement a été infirmé sur appel par un arrêt du 18 décembre 1849.
(2) Considérants d'un jugement du tribunal de Lille du 25 janv. 1833.

mobilière était aliénable. Cette objection est sans force. L'immeuble lui-même constitué en dot peut être déclaré aliénable; si une femme dont l'apport ne consiste qu'en immeubles, s'était réservé par son contrat de mariage la faculté de les aliéner, personne ne pourrait soutenir que cette femme n'est pas mariée sous le régime dotal, ou que ses immeubles ont cessé d'être dotaux. L'inaliénabilité n'est pas un des caractères essentiels de la dotalité. La constitution de dot aura pour effet de donner au mari l'administration et la jouissance des biens ainsi constitués. On ne peut dès lors soutenir que l'art. 1541 est sans objet, puisque, s'il n'existait pas, tous les biens que la femme apporte ou qui lui sont constitués en dot par contrat de mariage seraient paraphernaux. Le mot dot, en effet, a été employé par le Code dans un sens générique et pour désigner l'apport de la femme sous tous les régimes. La disposition qui défend d'augmenter la dot pendant le mariage n'est, relativement aux époux, que l'application du principe posé dans l'art. 1395, d'après lequel les conventions matrimoniales ne peuvent recevoir aucun changement après la célébration du mariage. Mais quand il s'agit des tiers, on doit restreindre les effets de cette prohibition à ce qu'elle présente de raisonnable et ne l'appliquer, en conséquence, qu'autant que l'augmentation du dot présente des dangers. Il n'existe pas de raison pour réputer illicite la disposition par laquelle un tiers donnerait la nue propriété d'un immeuble à la femme et la jouissance du même immeuble au mari, sous la condition que les fruits devraient être employés pour les besoins du ménage. La rigueur de l'opinion contraire ne se comprendrait que si le privilége accordé par Justinien à la femme pour la répétition de sa dot, avait été maintenu; mais il a été formellement abrogé par l'art. 1572. Le mot *dot*, dont se sert l'art. 1543, ne peut donc être pris dans un sens général et ne comprend que la dot inaliénable.

Par conséquent, la question qui nous occupe n'a pas avancé d'un pas; il s'agit toujours de savoir si la dot mobilière est inaliénable. — Mais en admettant que toute augmentation de la dot soit défendue pendant le mariage, et que la loi répute nulle la constitution d'une dot immobilière lors même que les immeubles auraient été affranchis de l'inaliénabilité par le donateur, on est alors forcé de reconnaître que la disposition de l'art. 1543 n'a rien de commun avec le principe d'inaliénabilité, et ne peut s'expliquer par cette considération d'intérêt social, qu'il ne faut point augmenter la masse des biens soustraits à la circulation. Par conséquent nos adversaires ne peuvent dans aucun

cas invoquer en faveur de leur opinion la disposition de l'art. 1543. — Quant à l'objection
tirée de l'art. 83 de Code de procédure, elle se
fonde toujours sur l'emploi de l'expression
générale *dot*, nous y ferons la même réponse.
L'article ne parle que des causes intéressant la
partie de la dot dont on ne peut disposer, c'est-
à-dire de la dot immobilière, la seule qui jouisse,
selon nous, du privilége de l'inaliénabilité.
Lorsque la femme, dans son contrat du mariage,
s'est réservé la faculté d'aliéner l'immeuble
dotal, le texte du § 6 de l'art. 83 paraît s'appliquer, mais ses motifs ne s'appliquent plus. Il
est manifeste que la femme, que le mari, plai-
dant en revendication d'un immeuble dotal
déclaré aliénable dans les stipulations matrimoniales, l'intervention du ministère public devient inutile, puisqu'il n'y a plus aucune raison
de craindre que les époux fassent indirectement
et sous la couleur d'un procès une aliénation
qu'il leur est loisible de faire ouvertement.
Le mot *dot*, comme nous l'avons déjà démontré pour l'art. 1613, ne peut donc être pris
ici dans un sens général.

Enfin nous ferons une dernière observation.
Si le législateur avait voulu étendre le principe
de l'inaliénabilité aux valeurs mobilières dotales, il leur aurait certainement appliqué la
suspension de prescription qui existe pour les

immeubles. La prescription serait un moyen d'éluder la loi d'autant plus facile et dangereux à l'égard des meubles corporels, qu'ils sont soumis à une prescription instantanée. L'imprescriptibilité est une conséquence de l'inaliénabilité. C'est ainsi que dans ceux des pays de droit écrit, qui considéraient la dot mobilière comme inaliénable, la prescription était suspendue en faveur de la femme pendant le mariage, ou du moins n'avait lieu d'une manière définitive à l'égard des meubles dotaux, que dans le cas où le mari était solvable au moment de la restitution de la dot.

13. Quittons maintenant le terrain des textes pour défendre notre système contre les attaques dont il est l'objet. On nous accuse de sacrifier les intérêts de la femme qui n'a qu'une dot mobilière et de compromettre l'avenir de la famille en permettant la dissipation d'un capital destiné à garantir les époux des éventualités malheureuses si fréquentes dans les affaires, et à leur assurer des moyens d'existence. — Ce reproche s'adresse à la législation, et nous pourrions nous dispenser d'y répondre. — Que la loi soit insuffisante, ce n'est pas la question. Nous devons l'appliquer telle qu'elle est ; il n'est pas permis de suppléer à ses lacunes. Encore une fois, où est le texte qui prohibe l'aliénation des meubles ? Mais la critique de nos adversaires

est-elle fondée ? La loi, dans l'intérêt de la femme, a mis des biens privés sur la même ligne que les biens du domaine public : elle a rendu les immeubles dotaux inaliénables et imprescriptibles comme les fleuves, les routes, les places de guerre ; privilége exhorbitant dont ne jouissent ni les biens des communes, ni ceux de l'État lui-même; n'est-ce pas assez ? S'il ne faut pas amoindrir le principe, on doit encore moins l'exagérer. L'intérêt de la femme doit avoir pour limite l'intérêt public. C'est faire violence à la nature des choses que de frapper d'immobilité des objets essentiellement mobiles. Cette espèce d'amortissement de la propriété n'est plus en harmonie avec les mœurs de notre siècle, où, par suite des progrès du commerce et de l'industrie, la circulation des valeurs mobilières a pris une si grande extension. Le système de nos adversaires est de plus contraire à l'esprit général du Code qui attache plus d'importance aux immeubles qu'à la fortune mobilière. *Vilis mobilium possessio*, telle est l'idée qui prédomine dans toutes les dispositions de nos lois. Ainsi nous voyons au titre de la communauté, que le mari ne peut pas disposer à titre gratuit des immeubles communs, tandis qu'il peut faire les donations mobilières les plus considérables. Sans admettre ce mépris du législateur pour la fortune mobilière, nous

trouvons cependant juste et raisonnable la distinction qu'il établit dans le régime dotal entre
les deux classes de biens ; elle découle nécessairement de la différence profonde de leur
nature.—Les immeubles augmentent de valeur ;
on s'y attache, on les cultive, on les améliore.
—Les meubles, au contraire, dépérissent, et
si les fortunes mobilières ont acquis aujourd'hui
une si grande importance, elles le doivent à la
facilité avec laquelle elles peuvent se transmettre de main en main , et s'augmenter par
leurs transformations successives. Votre système de protection exagérée pour la femme
tourne contre elle-même, et peut causer la ruine
de la famille. Son intérêt, bien entendu, exige
que les meubles puissent être aliénés. Souvent
une vente faite à propos préviendra une baisse
considérable dans des valeurs industrielles.
Mais non ; l'intérêt de la femme s'oppose à ce
que cette vente ait lieu ! Elle est obligée d'as-
sister tranquillement à la perte d'une partie de
sa fortune, dans l'impuissance de la prévenir !
Qu'on ne dise pas que les époux auront la ressource de s'adresser à la justice dans les cas
d'urgente nécessité. Aucun texte n'autorise
cette intervention du juge dans les affaires de la
famille. Il n'est pas permis aux tribunaux de
s'arroger des pouvoirs qui ne dérivent que de la

loi ; et la vente ne sera licite que dans les cas d'exception déterminés par le Code (1).

14. Ce sont ces graves inconvénients que la Cour de cassation a voulu éviter en adoptant le système de conciliation dont nous avons parlé.

Elle déclare que le mari peut aliéner la dot mobilière comme administrateur ; et en ce qui dépasse ses pouvoirs d'administration, du droit de toucher les deniers dotaux, elle conclut à celui d'aliéner les créances et les rentes dotales. Selon la jurisprudence, les conséquences de l'inaliénabilité se réduisent à l'impossibilité pour la femme d'aliéner son hypothèque légale, même avec le concours de son mari. La Cour de cassation voit de grands avantages dans ce système et aucun danger, puisque la femme conserve un recours qu'elle ne peut pas perdre.

A l'égard de la femme séparée de biens, la disposition de sa dot lui est interdite d'une manière absolue (2).

15. Un des auteurs qui combattent le plus vivement cette jurisprudence, M. Troplong, se trouve pourtant d'accord avec elle dans le cas le plus ordinaire, c'est-à-dire, lorsqu'une sé-

---

(1) V, à l'appui de l'opinion qui laisse la dot mobilière à la pleine disposition des époux : MM. Duranton, t. 5, n°¹ 542 et suiv.; Zachariæ, t. 3, p. 591 ; Troplong, Cont. de mar., n°˙ 3225 et suiv., et des Hypo˙ thèques, n° 923 ; Marcadé, sur l'art. 1554, Él. de droit civil.

(2) V. les arrêts cités plus haut.

paration de biens n'est pas intervenue entre les époux (1). « J'accorde, dit-il, que la femme ne peut renoncer à son hypothèque légale sur les biens de son mari, qu'elle ne peut la céder à ses propres créanciers, pendant le mariage, au préjudice de sa dot. Mais pourquoi cette concession? C'est que l'hypothèque légale de la femme est un droit immobilier, qui d'après l'art. 1554 est inaliénable, en ce sens, que la femme ne saurait s'en priver au préjudice de ses droits dotaux. L'hypothèque est un *jus in re*, un démembrement de la propriété, c'est un immeuble; les immeubles dotaux sont inaliénables. »

Il y a ici confusion de la part du savant magistrat. Sans doute l'hypothèque est un droit réel, un *jus in re* (2), puisqu'elle s'exerce directement sur l'immeuble même objet du droit, et le suit dans quelques mains qu'il passe. Au point de vue passif, elle est un démembrement du droit de propriété et ne peut être établie sur les immeubles de la femme. Mais si on la considère au point de vue actif, c'est-à-dire entre les mains du créancier, l'hypothèque, qui n'a pas d'existence par elle-même, n'est que l'ac-

---

(1) Cont. de mar., t. 4, n° 3265.

(2) Malgré l'opinion isolée de M. Marcadé (El. de droit civil, t. 11, p. 355 et suiv.

cessoire d'une créance dont elle emprunte la nature. Elle constitue donc un droit *réel mobilier* quand elle est établie pour la sûreté d'une créance mobilière, et échappe à la prohibition de l'art. 1554.

16. M. Troplong abandonne la jurisprudence en ce qui concerne la femme séparée de biens, et sur ce point nous sommes d'accord avec lui pour critiquer la cour de cassation. Les motifs de cette jurisprudence se comprennent bien. En effet, le droit de disposer de la dot est beaucoup plus dangereux entre les mains de la femme qu'entre celles du mari. Pendant le mariage la conservation de la dot est assurée par un recours hypothécaire sur les immeubles du mari; mais cette garantie s'éteint après le jugement de séparation de biens. Il importe donc de prémunir la femme à qui l'administration de sa dot est remise, contre ses propres faiblesses et contre la fragilité naturelle à son sexe. Cette distinction peut être raisonnable, mais elle est tout à fait arbitraire et ne s'appuie sur aucun texte de loi; de plus, il est impossible de la concilier avec les principes et avec les arrêts qui reconnaissent au mari le droit de disposer de la dot. S'il est vrai que le mari puisse aliéner comme administrateur les valeurs mobilières dotales, il s'ensuit nécessairement que la femme qui succède à sa gestion après le jugement de séparation de biens, doit pouvoir

les aliéner dans la même limite, du moment que le droit du mari qui faisait obstacle au sien est disparu (1).

17. Les dangers de ce système auraient dû frapper la cour de cassation, qui les a bien sentis, lorsqu'il s'agissait de l'administration du mari. Il suffit pour condamner sa doctrine d'emprunter les termes d'un des arrêts les plus récents qu'elle ait rendus sur la matière, le 1er décembre 1851 : « Le principe d'inaliénabilité de la dot posé par l'art. 1554 du Code civil, ne s'applique dans les termes même de cet article, qu'aux seuls immeubles, et d'ailleurs son extension indéfinie aux meubles constitués en dot, ne saurait se concilier avec les dispositions du Code, qui confèrent au mari l'administration de la dot mobilière, et qui même, en certains cas, lui en attribuent la propriété. » Est-ce que les valeurs mobilières ne sont pas sujettes à dépérissement entre les mains de la femme aussi bien qu'entre celles du mari? Pourquoi donc dès lors ne pas lui permettre comme au mari, dans l'intérêt du ménage et d'une bonne administration, de vendre des meubles précieux mais improductifs, de

_____

(1) Ces motifs ont été principalement développés dans un arrêt de la chambre des requêtes du 11 avril 1842, et dans un arrêt de la cour de Paris du 25 février 1843 (Devill., 1842, 1, 315, 1843, 2, 262).

convertir en argent un capital stérile, et d'éviter
par une vente faite à propos une baisse prochaine
dont seraient menacées les valeurs mobilières.
La cour de cassation invoque à l'appui de sa doctrine l'ancienne jurisprudence qui ne permettait
pas à la femme de disposer de sa dot. Il est vrai
que certains parlements, tout en admettant l'aliénabilité des meubles dotaux de la part du mari,
se défiaient de la fragilité de la femme, et ne
lui restituaient sa dot qu'avec certaines précautions. Ils lui imposaient la condition d'emploi ou de bail à caution, qui n'avait jamais été
exigée en droit romain. Telle était notamment
la jurisprudence du parlement de Toulouse (1).
Certaines cours ont suivi cet exemple, et ne
pouvant concilier l'incapacité de disposer avec
cette liberté de recevoir reconnue à la femme,
ils lui ont imposé la condition d'emploi (2). La
Cour de cassation, sans aller jusque-là, s'inspire
cependant des idées de l'ancienne jurisprudence sur l'incapacité de la femme, pour lui
refuser le droit d'aliéner ses meubles non fongibles. Si les parlements dans leur omnipo-
tence s'étaient arrogés le pouvoir de corriger le
droit romain par des arrêts de règlement, la
Cour de cassation ne doit pas marcher sur leurs

_____

(1) Vedel, sur Catelan, liv. 4, chap. 45.
(2) Montpellier, 22 juin 1819; Dalloz, t. 11, p. 350; Tessier, n. 550.

traces. Elle est établie, non pour créer une législation, mais pour interpréter la loi.

18. DROITS DU MARI SUR LA DOT MOBILIÈRE.

La dot mobilière est aliénable. Nous n'admettons pas cependant que le mari ait un droit de disposition absolue sur cette dot. L'aliénation peut se présenter de différentes manières. Elle peut avoir été faite soit par le mari seul, soit par la femme seule, soit par le concours de volonté des deux époux.

Est-ce le mari seul qui a disposé du meuble dotal? S'il s'agit d'un meuble non fongible, et dont la propriété n'ait pas été transférée au mari par l'estimation, la nullité résulte non pas de son caractère de dotalité, mais de l'impossibilité où se trouve le mari, simple administrateur, de consentir aucun acte d'aliénation. *Nemo plus juris concedere potest, quam ipse habet.*

Si l'aliénation émane de la femme seule, avant qu'un jugement de séparation de biens soit intervenu, il n'y a pas de contestation possible, la nullité est flagrante, non pas à cause de la nature des biens aliénés, mais par suite de l'incapacité absolue de la femme de consentir, pendant l'administration du mari, aucun acte qui porte atteinte aux droits de ce dernier.

L'aliénation du meuble dotal ne sera valable que si elle est faite avec le concours de volonté des deux époux, ou par la femme séparée de biens (1).

Nous prenons le contrepied du système de la Cour de cassation, et, selon nous, la femme remise à la tête de ses affaires par la séparation de biens, jouit de pouvoirs plus étendus que le mari lui-même pendant le mariage. Elle tire de son droit de propriété la faculté d'aliéner seule, et sans restriction, la dot mobilière.

19. Le mari n'est plus maître et seigneur de la dot, comme en droit romain. Cette opinion de M. Troplong (2), que combattent tous les auteurs (3), est trop contraire au texte de la loi pour être admise. Nulle part le Code ne donne au mari la qualité de propriétaire des biens dotaux; loin de là, il l'assimile à un usufruitier et lui en impose toutes les obligations. L'art. 1549 ne lui confère que des droits d'ad-

---

(1) Toullier, t. 14, nᵒˢ 103, 104 et 129.

(2) Comment. sur la prescription, 483 et 830, et contrat de mariage, nᵒˢ 3102 et suiv.

(3) MM. Tessier, t. 2, p. 121 et 177; Benoit, t. 1, nᵒˢ 99 et suiv.;) ⋅ ranton, t. 15, nᵒ 384; Toullier, t. 14, nᵒˢ 131 et 180; Proudhon : ⋅ l'usufruit, nᵒˢ 118, 125 et 1767; Delvincourt sur l'art. 1549; Odier, t. ï, nᵒ 1164.

ministration. L'art. 1551 distingue entre les objets mobiliers mis à prix par le contrat et les objets non estimés. Les uns deviennent la propriété du mari, les autres restent à la femme. D'après l'art. 1557, les créances et les rentes dotales périssent pour la femme. Enfin, à chaque instant, les dispositions du Code viennent démentir ce prétendu droit de propriété qu'on voudrait attribuer au mari.

20. En présence de tous ces textes, je m'étonne qu'un grand nombre d'auteurs, et que les arrêts de la Cour de cassation, sans partager l'erreur de M. Troplong, arrivent pourtant au même résultat, et donnent au mari la faculté de disposer à son gré de la dot mobilière, sans distinction entre les meubles fongibles et les meubles non fongibles. « C'est par l'idée d'un mandat très-étendu, dit M. Marcadé (1), qu'il faut expliquer désormais les droits que la loi romaine attribuait au mari, et que le Code lui conserve. Du reste, ce n'est là qu'une affaire de mots et d'exactitude de langage, et pour ce qui est des choses, elles sont toujours ce qu'elles étaient à Rome. » Cette doctrine est incompatible avec les termes de la loi et les règles du droit commun. Nul ne peut disposer d'une chose dont il n'est pas propriétaire, et

---

(1) El. de droit civil, t. 6, comm. de l'art. 1549.

nous ne voyons nulle part que le législateur
ait voulu déroger à ce principe en faveur du
mari. Si dans le régime dotal la qualité de propriétaire est sans influence sur la capacité de
disposer de la dot mobilière, que signifie la disposition de l'art. 1564, d'après lequel le mari
ou ses héritiers peuvent être contraints de restituer la dot sans délai, après la dissolution du
mariage, lorsqu'elle consiste en meubles non
estimés ? Pourquoi cette différence quant à
l'époque de la restitution, entre les meubles
dont la femme a conservé la propriété, et ceux
dont la propriété a été transférée au mari par
l'estimation ?

21. Les pouvoirs du mari doivent se renfer-
mer dans les limites ordinaires du droit d'administration, toutes les fois que la loi n'y a pas
dérogé d'une manière expresse. En dehors des
cas d'exception, il faut s'en tenir aux principes
généraux.

L'art. 1549, où sont énumérés les droits du
mari, n'y comprend pas celui d'aliéner ; son
pouvoir, qui dépasse sur certains points celui
du simple administrateur, ne l'excède donc pas
sur celui-là, et il reste incapable de disposer
des meubles dotaux. Il est vrai que l'art. 1421
donne au mari administrateur de la communauté le droit d'aliéner et d'hypothéquer les
biens communs. Mais cet article est spécial à

la communauté; d'ailleurs le mari a la copro-
priété des biens communs, et son propre intérêt est une sauvegarde pour les intérêts de la
femme. Il n'y a donc aucune analogie entre le
mari administrateur des biens communs, et le
mari administrateur des biens dotaux.

22. Il importe, dit-on, pour la prospérité du
ménage, que le mari puisse aliéner les créances
et les rentes dotales, qui sont exposées à dépérir et à diminuer de valeur. Ce danger n'existe
pas, puisque la femme peut consentir à l'aliénation, si elle le juge à propos. Il y aurait un
bien plus grand danger à laisser au mari la
libre disposition de ces valeurs. Car la femme
qui n'a qu'une dot mobilière pourrait se trouver
ruinée à la dissolution du mariage, si le mari
n'avait pas d'immeubles, ou s'il n'avait que des
immeubles insuffisants pour assurer son recours
hypothécaire. Sous le régime dotal, que la femme
a stipulé comme un refuge contre les dissipa-
tions et les prodigalités du mari, ses droits se
trouveraient plus exposés et plus compromis
que sous tous les autres régimes. Quelle anomalie et quelle inconséquence! Elle aura, dit-
on, la ressource de la séparation de biens, si sa
dot est mise en péril. Remède extrême et bien
souvent tardif! *Melius est intacta jura servare,
quam post vulneratam causam remedium quæ-
rere.*

23. On croit trouver dans les termes mêmes du Code, la faculté pour le mari de disposer des créances et des rentes dotales. Ce pouvoir résulterait implicitement des art. 1549 et 1562. L'un donne au mari le droit de recevoir le remboursement des capitaux; l'autre établit que la prescription court contre lui. Or, le payement et la prescription (qui est une sorte de payement) sont des actes de disposition; car, accepter le remboursement d'une créance, ou la laisser prescrire, c'est l'aliéner; or, si ces deux modes d'aliénation sont possibles, ils entraînent pour le mari la faculté de consentir tous les autres actes de disposition (1).

24. Les conséquences qu'on veut tirer des art. 1549 et 1562 sont exagérées. Lorsque les époux se sont réservé, par leur contrat de mariage, la faculté d'aliéner l'immeuble dotal, personne n'admet que le mari puisse vendre cet immeuble sans le concours de sa femme, quoiqu'il puisse s'en laisser dépouiller par la prescription. Nous avouons que le payement, de même la prescription, est un acte d'aliénation, puisqu'il éteint la créance; mais faut-il en conclure nécessairement que la compensation, la cession,

---

(1) Jurispr. de la cour de cass. V. les arrêts cités plus haut, nº 6.

la remise de cette créance soient autorisées au
même degré ? Nous ne pouvons l'admettre ; il
il y a, entre ces différents actes, une différence
capitale : c'est que ceux que permet la loi sont
des faits dont l'événement est parfaitement in-
dépendant de la volonté du mari , tandis que les
autres sont au contraire des actes purement fa-
cultatifs de sa part. La loi ne pouvait sans doute
défendre le remboursement des deniers dotaux ; car elle ne peut empêcher un débiteur
de se libérer quand l'époque du payement arrive ; et, si elle le permettait, il ne pouvait
avoir lieu qu'entre les mains du mari, revêtu,
sous le régime dotal, du droit d'exercer les
poursuites. Mais la reconnaissance des faits
étrangers à la volonté du mari, qui viennent
violemment détruire l'existence des créances
dotales, ne doit pas impliquer la reconnaissance des actes par lesquels il s'en dépouille-
rait lui-même. Ce sont là deux idées étrangères.
Admettre l'une et repousser l'autre, c'était
ménager l'intérêt, disons plus, les droits des
tiers, et en même temps respecter le droit de
propriété de la femme. Concluons donc sans
hésiter que le mari n'est pas plus capable de
disposer des meubles incorporels que des meubles corporels non fongibles, et que l'aliénation
n'est valable qu'avec le concours de la femme.

25. Le système que nous venons d'exposer

est conforme à l'esprit du régime dotal, qui est
un régime de défiance à l'égard du mari ; et
de plus, il a l'avantage de concilier les intérêts
de la femme et la protection qui lui est due,
avec l'intérêt public, qui exige que les meubles
ne soient pas soustraits à la circulation. Enfin,
il est en harmonie avec les textes du Code et
les principes du droit commun.

26. Les meuble dotaux ne peuvent être l'objet d'aucune exécution pour dettes du mari ;
c'est la conséquence des principes que nous
avons développés. Nous admettons pourtant
une exception pour les loyers dus par le mari.
Lors même que le locateur ne pourrait invoquer la maxime : en fait de meubles possession
vaut titre, parce qu'il aurait connu leur origine dotale, la femme, au vu et au su de laquelle les meubles ont été apportés dans la
maison louée, n'a pas dû ignorer qu'ils étaient
affectés d'une constitution tacite de gage, et ne
peut dès lors s'opposer à la saisie. Le droit de
poursuite sur les meubles dotaux était autorisé
par nos anciens parlements (1), à cause de la
faveur du privilége, et l'est encore aujourd'hui
même dans l'opinion des auteurs qui considè-
rent la dot mobilière comme inaliénable. La
dette de loyers est considérée comme une dette

_____

(1) Catelan, liv. 5, t. 2, p. 211 ; v° Serres, Inst., p. 565.

d'aliments. Si la saisie n'était pas permise dans ce cas, la femme qui n'a que des meubles dotaux ne pourrait trouver à se loger.

Cette doctrine a été consacrée par un arrêt de la Cour de Paris, du 2 juin 1831 (1).

DOT IMMOBILIÈRE.

27. *Questions préliminaires.* — Après avoir examiné quels sont les biens soumis au principe d'inaliénabilité, nous avons à rechercher si cette garantie peut être valablement stipulée sous un autre régime que le régime dotal, et s'il est permis aux époux, qui ont adopté le régime de communauté, de convenir que les immeubles propres de la femme seront inaliénables.

La loi en faveur du mariage assure la plus grande liberté aux conventions matrimoniales. Le contrat de mariage est susceptible de toutes les clauses que les époux jugent à propos d'y insérer, pourvu qu'elles ne soient pas contraires à l'ordre public ou aux dispositions prohibitives du Code. Le législateur a cru non-seulement utile, mais encore commode pour les parties contractantes (2), de tracer séparément

---

(1) Devill. 1831, 2, 193. Tessier, Quest. sur la dot, n° 121.
(2) V. Exposé des motifs par M. Berlier.

les règles qui semblent le mieux convenir à chacun des régimes essentiellement distincts qui s'offrent aux choix des époux ; mais il n'a pas voulu restreindre leur liberté, ils ont le droit d'emprunter à chacun de ces régimes les règles qui sont à leur convenance, si elles peuvent s'allier ensemble. Rien ne s'oppose donc à ce que les époux, voulant concilier les avantages du régime dotal et ceux de la communauté, frappent les immeubles propres de la femme d'une clause d'inaliénabilité. C'est là l'exercice le plus légitime de leur liberté. En quoi la clause dont nous soutenons la validité porte-t-elle atteinte à l'ordre public ou à la loi, puisque le législateur lui-même l'a consacrée dans le régime dotal ?

Les tiers sont désintéressés dans la question. Peu leur importe que l'inaliénabilité s'applique aux immeubles dotaux ou aux propres de la femme commune. Si le droit de révocation vient faire tomber les aliénations consenties au mépris des conventions matrimoniales, les tiers acquéreurs ne pourront l'imputer qu'à leur propre faute, puisqu'ils pouvaient connaître les termes du contrat dont il leur est maintenant facile de se procurer la communication depuis la loi du 10 juillet 1850.

28. Cette doctrine est soutenue par le plus grand nombre des auteurs, et trouve sa confir-

mation dans un arrêt de la Cour de cassation du 21 août 1836 (1) ; mais elle a été vivement attaquée par MM. Marcadé et Troplong (2).

L'inaliénabilité, disent-ils, est une dérogation au droit commun, et ne peut dériver que d'une loi spéciale. Il n'appartient pas à la volonté de l'homme de créer des catégories de biens indisponibles. Les époux peuvent, il est vrai, dans le régime de communauté, déclarer les immeubles inaliénables; mais ils ne le peuvent qu'en soumettant expressément ces immeubles au régime dotal. De deux choses l'une, ou il faudrait dire que le régime dotal existe sans soumission expresse, et l'on violerait l'art. 1392, ou que l'inaliénabilité existe sans le régime dotal, et l'on violerait le principe de la libre circulation des biens. L'article 1581, à défaut d'autre texte, pourrait servir à montrer la limite des alliances que le régime dotal peut faire avec la société de biens.

29. Nous admettons sans doute que la volonté de l'homme est impuissante à établir des

---

(1) Dall., 37, 1, 141, 142, 145. V. aussi dans le même sens MM. Toullier, t. 12, n° 372; Duranton, t. 15, n°° 235 et 297; Zachariæ, t. 3, p. 386; Rodière et Pont, t. 1, n°° 78 et 79, t. 2, n° 785, Contrat de mariage.

(2) V. l'article de M. Marcadé sur l'inaliénabilité dotale dans la *Revue critique de Jurisprudence* (1851, t. 1, 4° livraison, p. 225 et suiv.) M. Troplong, du Contrat de mariage, t. 1, n°° 79 et 80.

catégories de biens indisponibles; mais encore une fois le principe d'inaliénabilité n'émane pas de la volonté des époux, mais de la loi elle-même.

Tout ce qu'exige l'art. 1392, c'est que l'intention des époux ne soit pas équivoque. L'inaliénabilité, de même que la dotalité, ne peut résulter que d'une stipulation expresse; mais elle doit recevoir son plein effet lorsque les conventions matrimoniales sont rédigées de manière à ne laisser aucun doute sur leur interprétation. Quant à l'argument *a contrario*, tiré de l'art. 1581, nous laissons à l'orateur du conseil d'État le soin d'y répondre : « Sans doute, les dispositions générales du projet de loi, sainement interprétées, eussent été suffisantes pour établir ce droit ou cette faculté (droit de combiner une société d'acquêts avec le régime dotal, 1581); mais le gouvernement n'a pas cru qu'il dût en refuser l'énonciation précise, réclamée par quelques contrées de droit écrit où cette stipulation est fréquente.

« Cette mesure aura d'ailleurs le double avantage, et de calmer les inquiétudes, et de prouver formellement que nos deux régimes ne sont pas ennemis. » Le passage de l'Exposé des motifs nous montre donc clairement que l'art. 1581 n'a rien d'exclusif, et que le régime dotal peut s'allier de diverses autres manières avec le régime de communauté.

S'il est permis à la femme mariée en communauté de soumettre ses immeubles au régime dotal, on ne peut nier qu'elle ne puisse se réserver l'administration de ses immeubles ainsi dotalisés, à condition que les fruits tomberont dans la communauté ou qu'elle en jouira elle-même ; de sorte qu'il ne restera de ce régime dotal amoindri que la règle elle-même de l'inaliénabilité. Pourquoi ne pas permettre d'atteindre directement un résultat auquel les parties peuvent arriver par une voie oblique et détournée ? Qu'est-ce que ce prétendu principe d'ordre public qu'on peut éluder si facilement ? La loi elle-même nous en fournit les moyens.

30. M. Marcadé croit trouver la confirmation de son opinion dans trois arrêts de la Cour de cassation (1).

Mais ces arrêts ne sont pas applicables à la question. Il s'agissait de biens aliénables à charge de remploi, et le remploi n'ayant pas été effectué, la femme attaquait l'aliénation. La Cour a jugé que, nonobstant la clause de

---

(1) Cass., 29 déc. 1841 ; rej., 23 août 1847 et 13 février 1850 (Devill., 42, 1, 5 ; 47, 1, 637 ; 50, 1, 353).

remploi, les biens sont aliénables et saisissables de la part des créanciers.

Nous partageons sans difficulté cette doctrine de la Cour de cassation. Mais cette question est bien différente de la précédente. Nous pouvons admettre sans contradiction que la clause de remploi, stipulée dans le contrat de mariage pour les biens paraphernaux de la femme, n'engage pas les tiers acquéreurs, tandis que la clause d'inaliénabilité peut être invoquée contre eux.

M. Troplong, dont nous combattons la doctrine dans la question précédente, nous en donne d'excellentes raisons : « Quand les époux, dit-il, sont mariés sous le régime dotal, et qu'ils ont autorisé la vente de l'immeuble dotal moyennant remploi, il est certain que l'acheteur est responsable du remploi, et qu'il est de son devoir de le surveiller. Mais quelle est la cause de ce recours? c'est l'inaliénabilité de la dot; car le bien de la femme, inaliénable par nature, n'aurait pu être aliéné si le contrat de mariage ne l'avait permis. Or, il ne l'a permis qu'à certaines conditions ayant pour but d'adoucir les gênes de l'inaliénabilité par des garanties équivalentes. L'acheteur à qui l'on aurait pu opposer l'inaliénabilité, si elle n'eût pas été modifiée, est également garant de l'observation des conditions qui en

tiennent lieu » (1). Dans le régime de communauté, au contraire, la convention de remploi
n'est une loi que pour le mari.

31. Mais quelle est l'utilité de cette clause
si elle n'a pas d'effet vis-à-vis les tiers, puisque,
d'après les art. 1436, 1450 et 1493, le recours
de la femme existe de droit contre son mari?
Quelle différence peut-on faire entre le remploi
facultatif et le remploi conventionnel? Frappé
de cette idée, M. Benech (2) voit dans la clause
de remploi le principe d'une action contre les
tiers. Plusieurs auteurs, dont les uns partagent
l'opinion du savant professeur, les autres la
combattent, s'accordent pour admettre à l'égard
du mari une différence entre les effets du remploi facultatif et ceux du remploi conventionnel. Nous savons que le remploi facultatif ne
s'opère qu'à la double condition : 1° qu'il y ait
déclaration par le mari de l'origine des deniers
et du but pour lequel l'immeuble est acquis;
2° que cet immeuble soit accepté comme propre
par la femme; ces auteurs, et notamment Toullier, décident que l'acceptation de la femme
n'est pas nécessaire, lorsqu'une clause du con

_____

(1) M. Troplong, Contr. de mar., t. 1, p. 103. *Contra*, Merlin (Quest.,
v° Remploi, § 7); rej., req., 22 nov. 1820, Toullier, t. 12, n° 372, Lyon,
31 mars 1840.

(2) Emploi et remploi de la dot, p. 245 et suiv.

trat de mariage ordonne au mari de faire le remploi, et ils en donnent pour motif qu'en imposant cette charge au mari, on l'établit par là même mandataire de la femme à l'effet de faire l'acquisition pour elle (1). Ces principes ont été suivis par la cour de Paris dans un arrêt du 13 juin 1838.

Nous ne pouvons accepter cette explication. C'est dénaturer singulièrement la clause de remploi que d'y voir une renonciation de la femme à son droit d'appréciation; c'est retourner contre elle une clause qui n'a été écrite que dans son intérêt. D'un autre côté, la clause de remploi nous paraît avoir son utilité et se suffire à elle-même, sans en induire les rigoureux effets attachés à l'inaliénabilité, qui ne peut d'ailleurs découler que du régime dotal ou d'une stipulation expresse. L'effet le plus naturel de cette clause est de lier plus étroitement le mari et de changer en une obligation ce qui n'était pour lui qu'une pure faculté. Par conséquent, s'il refuse d'effectuer le remploi indiqué, la femme aura la faculté de s'adresser à la justice pour obtenir un placement qui assure la conservation de ses droits (2).

---

(1) Toullier, t. 12, 362 et 363. Teissier, t. 1, p. 220. R. de Villargues, v° Remploi, 66 et suiv. Odier, 1, 315.

(2) MM. Duranton, t. 15, n° 430. Pont et Rodière, t. 1, p. 517. Troplong, t. 2, 1140 et 1141. Cont. mar. Bourges, 1er février 1831 (Dev., 31, 2, 253). Arrêt du parl. de Paris, 1701.

32. En général, l'inaliénabilité ne vient frapper les biens constitués en dot qu'au moment de la célébration du mariage, puisque avant cette époque, il n'y a pas de dot proprement dite. Mais le principe de l'immutabilité des conventions matrimoniales vient modifier, à certains égards, l'application de cette règle.

33. Il importe d'examiner quelle est la condition des biens dotaux dans l'intervalle qui sépare le contrat de mariage de la célébration, et quel est le sort des aliénations consenties dans cet espace de temps.

En droit romain, l'immeuble livré au fiancé était soumis à la prohibition de la loi Julia, et ne pouvait être aliéné (1). D'après les principes de notre droit, nous devons décider que la femme ne peut aliéner indistinctement les biens compris dans la constitution dotale avant la célébration du mariage. Mais la nullité de cette aliénation, quand elle sera prononcée, découlera non pas des entraves de la dotalité, qui ne subsistent pas encore, mais des art. 1396 et 1397 qui défendent d'apporter aucun changement aux conventions matrimoniales avant la célébration du mariage. C'est en conséquence de ce principe que l'art. 1401 déclare que, si les époux sont mariés en communauté,

----

(1) D., l. 4, de fundo dotali.

l'immeuble acquis dans l'intervalle des deux contrats doit tomber dans la communauté, à moins que l'acquisition n'ait été faite en vertu de quelque clause du contrat de mariage.

L'aliénation de l'immeuble constitué en dot sera valable, si elle est faite en la présence et avec le consentement simultané de toutes les personnes qui ont été parties dans le contrat de mariage. Il ne peut s'élever nul doute à cet égard. Au moyen de ce concours de volontés, le contrat de mariage pourrait être changé et la dotalité exclue, à plus forte raison peut-il subir un changement partiel.

34. Mais si ces formalités n'ont pas été remplies, il faut distinguer si le tiers acquéreur est de bonne ou de mauvaise foi. Dans le premier cas, il ne peut tirer aucun profit d'un acte frauleux dont il s'est rendu le complice, et l'aliénation doit être considérée comme absolument nulle. Si, au contraire, il ignorait les termes du contrat de mariage, l'aliénation est valable, mais sans préjudice du droit de jouissance du mari. On doit assimiler cette vente à celle d'un bien dont l'usufruit a été aliéné dans un premier acte sous condition suspensive. Si la condition suspensive s'accomplit, et ici c'est le mariage lui-même, les aliénations consenties au préjudice de l'usufruit doivent être résolues rétroactivement et se restreindre à la nue pro-

priété. Si l'acheteur a payé son prix, il ne pourra exercer son recours que sur les biens paraphernaux de la femme, ou sur la partie du prix non dissipée par celle-ci qui aurait profité au mari, si, par exemple, elle était comprise dans une constitution universelle. Le mari qui reçoit la dot à titre onéreux et pour subvenir aux charges du mariage, est plus digne de faveur que le tiers, qui ne doit imputer la perte qu'il éprouve qu'à sa propre négligence (1).

35. Nous avons examiné quel est le sort des aliénations consenties dans l'intervalle des deux contrats; que déciderons-nous à l'égard de celles qui ont eu lieu avant le contrat de mariage, mais qui n'ont acquis date certaine que depuis?

Le Code, dans l'art. 1558, s'occupe des dettes contractées par la femme avant le contrat de mariage, et déclare qu'elles n'obligent le mari qu'autant qu'elles ont acquis date certaine antérieure au contrat. Doit-il en être de même des aliénations consenties par la femme?

La Cour de Grenoble s'est prononcée pour la négative (2), elle a jugé qu'une vente faite sous seing privé, et qui n'avait été enregistrée que depuis le contrat de mariage, était néanmoins

---

(1) MM. Rodière et Pont, Cont. de mar., t. 2, n° 489.
(2) 13 mai 1831, aff. Mazel.

valable, quand la sincérité de la date antérieure
paraissait certaine, d'après cette circonstance,
par exemple, que l'acquéreur possédait avant
le contrat de mariage au vu et au su du mari.

Les arrêtistes qui ont rapporté cet arrêt né
disent pas si, dans l'espèce jugée, la femme
s'était constitué en dot tous ses biens, ou si, au
au contraire, l'immeuble objet du litige avait
été nommément compris dans la constitution.
Cependant ce point de fait était important à
constater. Quand la femme, en effet, s'est constitué généralement tous ses biens, elle est censée
ne s'être constitué que ceux qu'elle n'a pas
aliénés ; c'est sans aucun fondement que le mari
voudrait attaquer une aliénation, dont rien
n'indique que la date soit supposée.

Si, au contraire, l'immeuble aliéné par acte
sous seing privé faisait partie d'une constitution à titre particulier, il nous semble que le
mari, qui reçoit la dot à titre onéreux, devrait
être assimilé à un second acquéreur qui, comme
on sait, doit être préféré à un acquéreur précédent, dont le titre n'a acquis date certaine
qu'après celle de la seconde vente (art. 1141 et
1328 combinés).

36. La dotalité ne peut résulter que du
contrat de mariage. En conséquence de ce principe, il est hors de doute qu'on doit réputer
non écrite la condition de dotalité imposée dans

une donation faite à une femme qui ne s'est constitué en dot que ses biens présents,

Mais si le donateur n'a pas le droit d'imposer aux époux la dotalité, qui n'est pas la loi de leur contrat, devons-nous au moins lui permettre de frapper les biens donnés d'inaliénabilité, et, dans le cas où l'on admettrait l'affirmative, cette clause pourrait-elle être invoquée contre les tiers acquéreurs ?

Deux auteurs (1) se prononcent pour la validité de la condition ; mais ils avouent cependant que le droit de révocation contre les tiers leur paraît présenter de sérieuses difficultés. L'inaliénabilité, disent-ils, est bien différente de la dotalité. Ces deux règles peuvent exister séparément. Les art. 1392 et 1543 dont on argumente, ne se réfèrent qu'à la dotalité. La défense d'aliéner, loin de porter atteinte à l'ordre public, est utile et conservatrice. Ils se fondent ensuite sur la loi romaine qui permettait d'insérer cette prohibition dans tous les contrats (2), et sur le respect dû aux conventions.

37. Si la condition d'inaliénabilité n'a rien de contraire à l'ordre public, elle est du moins contraire aux dispositions prohibitives du Code. Nous avons prouvé plus haut que

---

(1) MM. Duranton, t. 15, n° 560 ; Odier, t. 3, n° 1100.
(2) Arg. de la loi 7, C., de rebus alienis non alienandis.

l'inaliénabilité, de même que la dotalité, ne peut résulter que d'une stipulation expresse contenue dans les conventions matrimoniales. D'ailleurs, si cette condition était considérée comme licite, on aurait, en attribuant la jouissance des biens au mari, un moyen facile d'éluder la disposition de l'art. 1543, qui défend d'augmenter ou même de constituer la dot pendant le mariage (1).

Le droit romain qui admettait les substitutions fidéicommissaires, devait admettre à plus forte raison les défenses temporaires d'aliéner. Mais la loi 3 au Code *de conditione ob causam datorum*, n'accordait au donateur qu'une action en dommages-intérêts contre le donataire, et encore fallait-il qu'il eût un intérêt appréciable à ce que la condition fût exécutée. L'intérêt est la mesure des actions. Quant aux tiers acquéreurs, ils ne pouvaient pas être inquiétés (2).

38. En droit français, l'art. 954 donne au donateur le droit de révocation, au cas d'inexécution des conditions, et, d'après la maxime :

---

(1) V. MM. Marcadé, t. 6, Comm. de l'art. 1543 ; Troplong, Contr. de mar., t. 4, n° 3058 ; Zachariæ, t. 3, p. 567 ; Rodière et Pont, t. 2, n° 410 ; Toullier, t. 14, n° 63 ; Demolombe, *Revue critique de Jurisprudence*, t. 1, 3° livr.; Merlin, Rép., v° Dot, § 2, n° 14. Caen, 18 décembre 1849, Dev., 1850, 2, 497.

(2) Cujas, Récit. solemn. sur la loi 3, C. précitée, Inst., de act., § 15; Pothier, Pand., t. 1, p. 363, n° 3 ; Arg. de la loi 13, § 2, D., de donat. inter virum et uxorem.

resoluto jure dantis, resolvitur jus accipientis, les aliénations consenties par les tiers, au mépris de la condition, doivent tomber. Mais, en supposant que la prohibition temporaire d'aliéner fût valable, l'action, dans tous les cas, n'appartiendrait qu'au donateur et non pas aux époux.

C'est là un tout autre ordre d'idées que celui qui a fait établir l'inaliénabilité dotale. Ici le principe de l'action ne serait fondé que sur l'intérêt du donateur, et non pas sur l'intérêt des époux, qui est le véritable fondement du régime dotal.

Il est bien évident que le donateur pourrait toujours obtenir l'un des effets de la dotalité, la jouissance des biens par le mari, en donnant à celui-ci l'usufruit des biens pour toute la durée du mariage, et la nue propriété seulement à la femme.

39. Si l'esprit du Code était de proscrire toute modification aux conventions matrimoniales de quelque cause qu'elle résultât, on devrait considérer comme pure et simple, aux termes de l'art. 900, la donation faite sous la condition de paraphernalité, à une femme dont la constitution de dot comprend les biens à venir. Mais si le législateur, craignant qu'un des époux n'abusât dans un intérêt pécuniaire de son influence sur l'autre, a rendu le contrat

de mariage irrévocable à l'égard des époux, ce contrat reste susceptible de tous changements qui sont amenés par des circonstances indépendantes de leur volonté. Nous devons donc considérer comme licite la condition dont il s'agit. En effet, il n'y a rien de contraire à l'ordre public, ni aux dispositions de la loi, à ce qu'une femme, dont tous les biens présents et à venir sont soumis à la dotalité, arrive cependant par la libéralité d'un tiers à posséder un bien paraphernal. C'est ainsi qu'une femme, dont tous les biens, d'après le contrat de mariage, doivent tomber en communauté, peut recevoir un immeuble sous condition qu'il lui restera propre. Loin de nuire aux tiers, la clause de paraphernalité imposée à la donation fournit un nouvel aliment au crédit des époux et offre un gage à leurs créanciers. C'est dans ce cas que l'on peut dire qu'il est permis à chacun d'imposer à sa libéralité les limites qu'il lui plaît (1).

MM. Rodière et Pont cherchent à établir l'atteinte aux bonnes mœurs et la nullité de la condition. Le mariage, disent-ils, ne s'est fait

---

(1) MM. Proudhon, Usuf., 283-286; Duranton, xiv-150; xv-490; Troplong, 1, 68. Paris, 27 janvier 1835, 27 août 1836, 5 mars 1846, Nîmes, 18 juin 1840, Aix, 16 juillet 1846, Toulouse, 20 août 1840, Rej., 9 mai 1842.

435

qu'à la condition que la femme ne conserverait la jouissance ni l'administration d'aucun
de ses biens. La jouissance par une femme
mariée, de tout ou partie de ses revenus, peut
avoir de graves inconvénients pour l'autorité
maritale (1).

Ces raisons qui, comme on le voit, s'appliquent aussi bien pour le régime de communauté, ou d'exclusion de communauté, que
pour le régime dotal, nous paraissent fort exagérées.

Elles reposent sur une hypothèse possible à
la rigueur, mais tout à fait exceptionnelle, dont
nous n'avons pas à nous préoccuper. *Lex statuit
de eo quod plerumque fit.* D'ailleurs, de quel
droit attribuer, comme le veulent ces auteurs,
la jouissance des revenus au mari, que le donateur a voulu exclure de sa libéralité? Aussi,
MM. Seriziat (2) et Delvincourt (3) adoptent
une opinion mixte, et pensent que les revenus
devraient être capitalisés au profit de la femme.
De cette manière disparaîtraient les inconvénients et les dangers que l'on signalait tout à
l'heure. Mais ce système, quoique respectant
davantage la volonté du donateur, nous paraît

---

(1) T. 2, p. 411, du Contrat de mariage.
(2) N° 21.
(3) Note 3 de l'art. 1401.

trop arbitraire pour que nous l'admettions.
La donation doit être maintenue dans toutes
ses dispositions. La condition qu'elle renferme
ne s'écarte en rien de l'immutabilité des conventions matrimoniales, et ne blesse pas l'ordre
public. La loi seule et non la convention de
l'homme peut imprimer à une règle le caractère de principe d'ordre public. Or, la loi n'attache pas ce caractère au droit d'usufruit du
mari sur les biens de la femme, puisque c'est
une règle que les époux sont libres d'admettre
ou de rejeter.

41. Mais si le bien donné faisait partie de
la réserve de la femme, il devrait rester soumis
à la dotalité stipulée dans le contrat de mariage.
L'auteur du legs ou de la donation n'était pas
libre de détourner les biens de la destination
légale qui leur était faite, et en prévision de
laquelle ont stipulé les futurs époux. Ils en
étaient en quelque sorte les maîtres, suivant
l'expression que le jurisconsulte Paul applique
aux héritiers siens (1), au moment où ils impri-
maient le cachet de la dotalité aux acquisitions
futures de la femme, et, en l'absence d'une
déclaration contraire, ils ont dû attacher toutes
les conséquences de ce régime à des biens sur

---

(1) Qui etiam, vero patre, quodammodo domini existimantur, l. 3,
D., de lib. et posthum.

lesquels ils avaient déjà un droit acquis par anticipation.

DE L'ÉTENDUE ET DES EFFETS DE L'INALIÉNABILITÉ DU FONDS DOTAL.

42. Sous tous les régimes, la femme est incapable d'aliéner et d'hypothéquer ses immeubles ; mais elle peut être relevée de cette incapacité par l'autorisation maritale ou judiciaire. Sous le régime dotal, au contraire, les immeubles sont inaliénables d'une manière absolue, en ce sens que la loi annule les aliénations et les hypothèques consenties, même avec le concours de volonté des deux époux.

La défense d'aliéner s'applique non-seulement au fonds lui-même, mais encore à tous les démembrements du droit de propriété. L'immeuble dotal ne saurait être grevé de droits d'usufruit, d'usage, d'emphytéose, de servitudes.

43. Mais la loi Julia ne prohibait que les aliénations volontaires ; quant à celles qui se faisaient par la puissance de la loi, le fonds dotal y restait assujetti. *Maxime autem eas alienationes lex Julia non impedit quæ potestate juris fiunt* (1). Les mêmes principes doivent

---

(1) D., § 1; Pothier, Comm., de fundo dotali.

être suivis aujourd'hui. Ainsi, il est nécessaire dans l'intérêt de la propriété, telle qu'elle est organisée dans notre droit, que le fonds dotal se prête à l'établissement des servitudes qui dérivent de la loi ou de la situation des lieux. Telle est, par exemple, la nécessité pour les fonds inférieurs de recevoir les eaux qui découlent naturellement des fonds supérieurs. Cette servitude est un effet nécessaire de l'ordre de la nature.

44. Mais le fonds dotal ne peut être assujetti à ces servitudes, qu'en vertu d'une invincible nécessité. Ainsi, le propriétaire d'un fonds enclavé ne pourra exercer son droit de passage sur l'immeuble appartenant à la femme, qu'autant qu'il n'en existera pas d'autres aboutissant à la voie publique, où que cet immeuble offrira un chemin plus sûr et plus commode que les autres fonds intermédiaires (1). L'établissement sur le fonds dotal d'une telle servitude, par la convention ou par l'usage, serait compris au nombre des aliénations défendues par la loi.

Dans tous les cas où le droit de la femme se résoudrait en une indemnité pécuniaire, cette

_____

(1) M. Troplong, nos 3277 et suiv., Cont. de mar. La cour de Pau, par un arrêt du 11 août 1843, a jugé que l'enclave n'était une cause inévitable d'asservissement que si le chemin réclamé par le fonds dotal était le *plus court*. — Sur le pourvoi, arrêt de rej. de la chambre civile du 20 juin 1847 (aff. Soucaze contre Lizon).

créance serait susceptible d'être atteinte par la prescription, conformément aux art. 1561 et 2256 combinés, quoique la servitude elle-même ne puisse se perdre ou s'acquérir de cette manière (1).

45. La loi distingue plusieurs sortes d'immeubles, les immeubles par nature, les immeubles par destination, les immeubles par l'objet auxquels ils s'appliquent. Parmi ces derniers, l'art. 526 ne mentionne que les actions qui tendent à revendiquer un immeuble. Cet article s'exprime d'une manière incomplète et inexacte. Les actions ne sont que la mise en exercice du droit lui-même. Outre le droit de revendication, nous devons ranger, dans cette classe d'immeubles, les droits successifs, les créances immobilières, ainsi que la faculté de réméré, en un mot tous les droits immobiliers (1110, 1111, 1116, 953, 1674).

A ces différentes classes d'immeubles, il faut ajouter les biens incorporels, qui ont été immobilisés par une faveur spéciale de la loi, bien qu'ils aient pour objet des valeurs mobilières. Les actions de la banque de France (2), les rentes sur l'État (3), les actions de la compagnie des canaux d'Orléans et du Loing (4),

---

(1) Même arrêt, *Contra*, M. Troplong, loc. cit.
(2) Décret du 16 janvier 1808, art. 7.
(3) Décret du 1er mars 1808.
(4) 16 mars 1810.

reçoivent de la loi le caractère d'immeubles, si les propriétaires ont déclaré leur volonté, à cet égard, dans les formes voulues, et dans les cas prévus par la loi.

46. La règle d'inaliénabilité est la même pour toutes les classes d'immeubles (1).

Si une rente immobilisée faisait partie d'une constitution dotale, nul doute que l'administration qui se réserve le droit d'apprécier les pièces produites à l'appui des transferts, ne s'opposât à l'aliénation de la rente (2).

La Cour de cassation a fait une application juridique du principe d'inaliénabilité aux immeubles incorporels, dans ses arrêts du 28 février 1827 et du 16 mars 1829. Le premier de ces arrêts décide que le mari, dont la femme s'était constitué tous ses biens en dot, n'avait pu transiger sur le supplément de légitime que cette dernière avait droit de prétendre en corps dans la succession de son père. Le second se prononce également contre la validité d'une cession des droits successifs de la femme (3).

47. Il est cependant un cas où la rigueur du principe doit fléchir devant la nécessité ; c'est

---

(1) Les immeubles par destination perdent leur nature factice dès qu'ils sont détachés du fonds. Leur déplacement se confond avec l'aliénation et tombe sous le coup de l'art. 1554.

(2) V. un arrêt du conseil d'État du 17 juin 1843, Dev., 1843, 2, 600.

(3) Sirey, 1825, 1, 421, 1829, 1, 441.

celui où il s'agit de l'aliénation d'un droit immobilier, qui périrait faute d'exercice. Il est
évident, par exemple, qu'en dehors des exceptions prévues par les art. 1558 et suivants, les
époux auront la faculté de vendre un droit de
réméré qu'ils sont dans l'impossibilité d'exercer. Ce sera, de leur part, un acte de sage
administration (1).

48. Mais il est des actes d'un caractère dou-
teux, à l'égard desquels on peut se demander
s'ils rentrent dans le droit d'administration du
mari, ou s'ils constituent des modes prohibés
de l'aliénation.

49. En premier lieu se présente la transaction.

En droit romain, la transaction était assimilée à une véritable aliénation (2). Le Code
ne s'est pas écarté des principes du droit romain à cet égard, puisque, d'après l'art. 2045,
pour transiger, il faut avoir la capacité de disposer des objets compris dans la transaction.
En présence d'un texte aussi formel, il nous
paraît impossible de donner au mari le droit
de transiger, lorsque la transaction amènerait
la perte de tout ou partie de l'immeuble dotal.

---

(1) Riom, 27 juillet 1835. Dalloz, 26, 2, 127. Cout. d'Auvergne,
art, 3, t. 14.

(2) V. L. 1, § 9, D., si quid in fraud. pat. (lib. 38, tit. 5) ; et la Loi 4,
C., de præd. minor. non alien. (lib. 5, tit. 21).

Mais si la transaction doit être considérée comme une aliénation, lorsqu'elle a pour résultat d'enlever au mari la propriété de la chose litigieuse, il n'en est pas de même lorsque le mari la conserve en payant une indemnité pécuniaire à son adversaire. Le pouvoir de transiger ne peut lui être refusé dans ce cas. En effet, bien loin d'aliéner l'immeuble dotal, il évite d'en compromettre la propriété dans les chances d'un procès hasardeux, et s'oblige simplement à payer une somme d'argent, ce qui n'est pas en dehors des pouvoirs qui lui sont concédés par la loi. Ces principes étaient ceux de l'ancienne jurisprudence ; rien ne s'oppose à ce qu'ils soient admis aujourd'hui (1).

Lorsque la transaction porte sur la dot mobilière, nous devons décider, d'après les principes énoncés plus haut, que le mari ne peut transiger qu'avec le consentement de sa femme, si la transaction a pour résultat d'entraîner la perte d'objets dont celle-ci a conservé la propriété. Toutes les fois qu'un acte du mari sur la dot immobilière sera considéré comme un acte d'aliénation, ce même

---

(1) D'Argentré, Cout. de Bret., art. 419, glose 2, n° 12, p. 1671. Faber, C., lib. 4, tit. 38, p. 441 et 442. Salviat, t. 1, p. 400. Cass., 10 janv. 1826. Dalloz, 26, 1, 183. Limoges, 10 mars 1856. M. Troplong, Cont. mar., n° 3427.

acte, à l'égard des meubles dotaux non fongibles, ne pourra se faire qu'avec le concours de la femme (1).

80. Le compromis présente plus de dangers que la transaction, puisqu'il soustrait les parties à leurs juges naturels. Aussi doit-il être prohibé avec plus de rigueur. C'est par ces motifs que le Code permet au tuteur de transiger au nom du mineur, en accomplissant certaines formalités, tandis qu'il lui interdit d'une manière absolue de compromettre. Il en est de même à l'égard du mari. La Cour de Riom a pourtant contesté ces principes, et jugé, par un arrêt du 7 juillet 1847, que le compromis était valable. Son erreur est manifeste; le compromis n'est permis qu'à l'égard des droits dont on a la libre disposition; et d'un autre côté, il est défendu quand la contestation dont il s'agit doit être communiquée au ministère public; à ce double titre, le mari n'a pas le droit de compromettre sur les immeubles dotaux. Aussi, la Cour de cassation a-t-elle cassé la décision de la Cour de Riom, par un arrêt du 7 juin 1848.

A plus forte raison, le mari ne peut acquiescer à une demande dont le résultat serait d'amoindrir la dot. Le seul effet de cet acquies-

---

(1) V. supra n° 18, quels sont les droits du mari sur la dot mobilière.

cement serait d'interrompre la prescription qui aurait commencé à courir contre le demandeur; car s'il ne peut devenir pour les tiers une cause de bénéfice, il doit leur éviter un préjudice.

51. Le mari, sous le régime dotal, a qualité pour exercer, au nom de sa femme, toutes les actions relatives aux biens dotaux, même les actions immobilières pétitoires. La chose jugée contre le mari sur une action en revendication le serait également contre la femme. C'est méconnaître l'esprit du régime dotal, et ne tenir aucun compte des termes formels de l'article 1549, que de prétendre, comme Proudhon (1) et Toullier (2), que le mari n'a ainsi toute latitude que quant à son droit de jouissance. En même temps que pour la jouissance, le mari agit *proprio nomine;* c'est lui qui, pour la propriété, agit au nom et comme représentant légal de la femme, incapable d'agir elle-même sous le régime dotal. Mais si la femme a été victime d'un concert frauduleux, elle peut dès lors attaquer le jugement par la voie de tierce opposition, comme n'ayant pas été représentée au procès.

Ce pouvoir exorbitant, dont le mari n'est revêtu sous aucun autre régime, est un vestige

---

(1) Usuf., 3, n° 1254.
(2) T. 12, 395 et suiv.

du droit romain où le mari était considéré comme propriétaire de la dot. Doit-on en conclure qu'il a qualité pour intenter seul l'action en partage? Plusieurs auteurs et la jurisprudence lui refusent ce pouvoir, en se fondant sur les principes de la loi romaine suivis par nos anciens parlements, d'après lesquels le mari avait, il est vrai, qualité pour défendre seul à l'action en partage, parce que, dans ce cas, c'était une aliénation nécessaire, mais non pour l'intenter.

Nous ne pouvons admettre cette doctrine.

La nature du partage a changé; il n'est plus comme autrefois attributif de propriété, d'après l'art. 883; il n'est que déclaratif, et ne contient plus aliénation. Dès lors l'action en partage ressemble à toute autre action réelle, et doit appartenir au mari. On nous oppose l'art. 818, d'après lequel le mari ne peut pas provoquer, sans le concours de sa femme, le partage des biens qui ne *tombent pas en communauté*. Nous avouons que les biens dotaux ne tombent pas en communauté; mais c'est transporter dans le régime dotal les règles si différentes de la communauté, où le mari n'a que l'exercice des actions possessoires, relativement aux propres de la femme, que d'appliquer cet article aux biens dotaux. L'art. 818 est spécial au régime de communauté, et a été

écrit à un moment où l'on était résolu d'écarter le régime dotal et les droits exorbitants
qu'il donne au mari (1).

Du moment que le partage n'est plus une
aliénation, il s'ensuit que le mari peut y procéder sans remplir les formalités prescrites par
l'art. 1558. En effet, l'intervention du tribunal
n'est exigée que si le partage affecte la forme
d'une vente, ou a pour effet de substituer à
l'immeuble dotal des deniers périssables. Mais
lorsque l'immeuble n'est pas impartageable et
ne nécessite pas une licitation, le partage n'étant
alors qu'une simple détermination de parts, le
mari peut y procéder seul de la même manière qu'il exerce toutes les autres actions
réelles. Si l'intervention de la justice eût été
nécessaire, dans tous les cas la disposition de
l'art. 1558 aurait été parfaitement inutile.

52. Après avoir traité les points principaux
que soulève la règle de l'inaliénabilité du fonds
dotal, par rapport aux pouvoirs du mari, trai-
tons la question à l'égard de la femme.

53. La femme, sous le régime dotal comme
sous tous les autres régimes, est capable de
s'obliger avec l'autorisation de son mari. Mais

---

(1) MM. Troplong, 3110. Delvincourt, t. 3, p. 382. Aix, 9 janv. 1810.
Contra, M. Duranton, (v-506. Paris, 14 juillet 1845 ; rej., 21 janv. 1846
(Dev., 46, 1, 261).

le principe de l'inaliénabilité est-il un obstacle à ce que les créanciers, après la dissolution du mariage, poursuivent sur les immeubles dotaux l'exécution des engagements valablement contractés par la femme pendant le mariage?

L'inaliénabilité cesse avec le mariage. Après la dissolution de l'union conjugale, les biens dotaux restent libres et disponibles aux mains de la femme ou de ses héritiers. Il semble dès lors que, d'après le principe que celui qui s'oblige oblige tous ses biens présents et à venir, les biens de la femme, qui désormais sont aliénables, doivent servir de gage à ses créanciers (1).

Cette opinion est repoussée par une jurisprudence constante et par un grand nombre d'auteurs, qui se fondent sur l'esprit du régime dotal qui est un régime de défiance à l'égard du mari, et sur les maximes de l'ancien droit, pour refuser le droit de saisie aux créanciers. La femme, disent-ils, ne peut aliéner indirectement sa dot. Si les immeubles dotaux étaient sujets aux dettes contractées pendant le mariage, la règle de l'inaliénabilité ne serait qu'une

---

(1) La cour de Toulouse, dans un arrêt du 29 novembre 1834, fait une distinction entre la femme et les héritiers. M. Troplong reproduit la même doctrine (no¹ 1, 3312 et suiv.). Cette doctrine n'est pas soutenable. Les héritiers doivent être dans la même situation que leur auteur.

protection inefficace pour la femme, qui, à la dissolution du mariage, se trouverait dépouillée en vertu d'engagements qu'elle n'a peut-être contractés que sous l'influence de son mari. C'est par les mêmes motifs que l'acheteur du bien dotal ne pourrait pas demander l'exécution de la vente, sous prétexte que la dotalité a cessé. Le bien est libre aujourd'hui, mais il n'était pas libre le jour où la vente a eu lieu (1).

84. Nous ne pouvons nous rallier à cette doctrine. L'ancienne jurisprudence était très-divisée sur la question. Ainsi, Favres (2) et Despeisses (3), dotalistes d'une rigueur extrême, se prononcent en faveur des créanciers, et leur accordent le droit de saisie. Il est vrai que la vente du bien dotal ne peut être exécutée après la dissolution du mariage, mais pourquoi ? C'est que le titre de l'acheteur est nul, parce qu'il a pour objet une chose dont la vente est défendue d'une manière absolue, la vente à terme ou sous condition, tout aussi bien que la vente pure et simple. Mais il n'en est pas de de même ici, l'obligation est valable et, par

_____

(1) Cass., 16 décembre 1846, 30 août 1847. MM. Tessier, t. 1, n° 62 ; Duranton, t. 15, n° 531.
(2) Favres, Code, 5, 7, 6.
(3) P. 485, t. 1.

conséquent, doit affecter tous les biens de la femme.

Il n'y a pas de raison pour augmenter en faveur de la femme dotale, les dérogations au droit commun, et pour soustraire à l'action de ses créanciers des biens qu'elle pourrait dissiper dans de folles prodigalités (1).

55. Un arrêt de la Cour de Caen, du 9 juillet 1840 (2), exagérant encore plus le principe de l'inaliénabilité, a jugé que, si une femme s'est constitué en dot tous ses biens présents et à venir, les engagements qu'elle a contractés valablement pendant le mariage, ne peuvent être exécutés sur les biens qui lui sont échus après la dissolution du mariage, parce que ce sont des biens constitués en dot. L'erreur était manifeste, ces biens n'ont jamais été soumis à la dotalité; aussi la Cour de cassation a-t-elle cassé cette décision par un arrêt du 5 décembre 1842 (Dev. 43, 1131).

56. La défense d'aliéner comprend tous les actes d'aliénation *est autem alienatio omnis actus per quem dominium transfertur.* Ainsi, il est hors de doute qu'on devrait considérer comme nulle la donation entre vifs du bien dotal en faveur d'un étranger. Mais il est permis à la

---

(1) MM. Troplong, Cont. mar., nos 3312 et suiv.; Toullier, t. 14, 334.
(2) Dev., 40, 2, 402.

femme de transmettre ses biens dotaux par disposition testamentaire. Un tel acte ne crée en
faveur du légataire aucune espèce de droit, pas
plus qu'il ne dessaisit d'aucun avantage celui
qui en est l'auteur. La donation entre vifs que
la femme ferait de ses biens dotaux à son mari,
doit être assimilée au testament. Elle est révo-
cable, subordonnée au prédécès de l'épouse, et
n'emporte pas dessaisissement actuel de la propriété ; elle ne tombe pas, par conséquent, sous
le coup de la prohibition de l'art. 1554 (1)

57. Par les mêmes motifs, nous pensons que
la femme a le droit de disposer de ses immeubles dotaux par institution contractuelle. Cette
aliénation n'a d'effet qu'à la mort de la femme,
à un moment où la dotalité n'existe plus. Elle
laisse intact le droit de jouissance du mari. Telle
était d'ailleurs l'ancienne jurisprudence, et le
Code ne doit pas appliquer d'une manière plus
rigoureuse les prohibitions de la dotalité (2).

58. Nous avons étudié le principe de l'inaliénabilité en ce qui touche le capital des biens,
tant immeubles que meubles. Nous allons exa-

---

(1) Riom, 5 déc. 1825. M. Tessier, note 515.
(2) Chabrol, Cout. d'Auvergne, chap. 14, art. 5. Il cite plusieurs arrêts
du parlement de Paris. Roussilhe, de la Dot, t. 1, n° 2, n° 394. MM. Duranton, t. 9, p. 271 ; Tessier, t. 1, n° 507. Contra, Caen, 16 août 1842.
Nîmes, 18 février 1834.

miner maintenant quelle est l'influence de ce
principe sur les fruits de ces mêmes biens.

D'après la jurisprudence de la Cour de cassation, le mari ne peut disposer des fruits de la
dot que dans la limite de ce qui reste après la
satisfaction des besoins du ménage (1). Il ne
s'agit ici, que des revenus de la dot immobilière, puisque, selon cette jurisprudence, le
capital mobilier est à la disposition absolue du
mari. A plus forte raison, il doit en être de
même des fruits. Il est évident aussi que la discussion ne peut porter que sur des fruits non
encore échus, puisque les revenus d'un immeuble deviennent meubles par la perception, et
appartiennent au mari. De plus, ils ne font pas
partie de la dot, et ne peuvent par conséquent
être soumis à la règle de l'inaliénabilité. La
question s'élève lorsque le mari a aliéné le
droit de percevoir les revenus futurs de l'immeuble pendant toute la durée du mariage,
droit non susceptible de transmission manuelle,
et que les tiers, en vertu de cette aliénation,
réclament la jouissance de la chose.

89. A l'égard de la femme séparée de biens,
la jurisprudence décide qu'elle peut engager le
superflu des revenus par des engagements postérieurs au jugement de séparation de biens,

---

(1) Rej., 3 juin 1839, Cass., 26 février 1834, 6 janv. 1840.

mais elle refuse aux créanciers le droit de puiser ce même superflu pour l'exécution des obligations qu'elle aurait contractées pendant l'administration du mari.

Elle n'admet d'exception que pour le cas où la femme usant du droit que lui accorde l'article 1549 du C. Nap., § 3, et modifiant en ce point une des règles du régime dotal, s'est réservé par son contrat de mariage la libre disposition d'une partie de son revenu, pour pourvoir à son entretien et à ses besoins personnels. Alors elle peut s'obliger jusqu'à concurrence de cette quotité, et sous la seule limite des nécessités du ménage (1).

60. Nous n'avons pas besoin de faire remarquer l'inconséquence de la doctrine de la Cour de cassation, et l'arbitraire de la distinction qu'elle propose. Du moment qu'elle considère le superflu des revenus comme aliénable, elle doit admettre nécessairement qu'il est soumis comme les paraphernaux à l'action des créanciers de la femme.

Est-on fondé en principe à soutenir que les revenus futurs de la dot immobilière soient aliénables, dans quelque limite que ce soit ? Selon nous, il ne peut s'élever aucun doute, lorsque le mari a disposé des revenus de l'im-

---

(1) Cass., 4 novembre 1846 ; rej., 12 août 1847 ; rej., 13 juin, 1851.

meuble en totalité. L'aliénation doit être considérée comme nulle. Les garanties établies en faveur de la femme seraient illusoires, s'il était permis d'aliéner la jouissance de l'immeuble dotal pendant toute la durée du mariage. — L'immeuble serait ainsi frappé de stérilité, et l'aliénation de la jouissance pourrait conduire à la nécessité d'aliéner le fonds dotal lui-même pour fournir des aliments à la famille, dans le cas prévu par l'art. 1558. De plus, les revenus font partie de l'immeuble, tant qu'ils n'en sont pas détachés par le perception ou par l'échéance, et par conséquent doivent être comme lui, soumis à la règle de l'inaliénabilité (1). Par les mêmes motifs, nous refusons au mari le pouvoir d'aliéner les revenus de l'immeuble, même dans la limite du superflu. D'ailleurs, ce qui est aujourd'hui le superflu, peut devenir le nécessaire dans d'autres temps et d'autres circonstances. Les biens dotaux peuvent dépérir, diminuer de valeur; la famille peut s'accroître, les charges du ménage devenir plus lourdes. Le droit d'aliéner le superflu des revenus, présente de grands dangers, et en supposant qu'il ne fût pas prohibé directement par l'art. 1554, il pourrait dans bien des cas, comme l'aliénation totale

---

(1) Favre, Code, 5, 7, 38, 39. Fontanella, cl. 6, glose 2, partie 2, n° 4.

de la jouissance, nécessiter l'aliénation du fonds lui-même, pour subvenir aux besoins de la famille.

Après le jugement de séparation de biens, la femme succède à la gestion de son mari, et les revenus de la dot tombent dans son patrimoine. Nous devons donc décider qu'elle aura sur les revenus les mêmes droits que le mari, et qu'elle pourra les aliéner dans les mêmes limites. Ainsi, elle aura la pleine disposition des fruits de la dot mobilière; mais la disposition des revenus non échus du fonds dotal lui sera interdite par les raisons que nous venons d'exposer (1).

EXCEPTIONS AU PRINCIPE D'INALIÉNABILITÉ DU FONDS DOTAL.

61. Le principe de l'inaliénabilité du fonds dotal n'est pas tellement inflexible, qu'il ne reçoive comme tous les principes de droit, certaines exceptions. Les unes résultent tacitement de la nécessité et de la force même des choses, comme l'assujettissement des fonds dotaux aux

_____

(1) Il est évident que les époux peuvent vendre des fruits, même sur pied, dans les limites de leur droit d'administration; il est même certains fruits dont on ne peut jouir qu'en les vendant, par exemple s'il s'agit d'une coupe de bois.

servitudes légales ou leur expropriation pour cause d'utilité publique. Les autres sont écrites d'une manière expresse dans la loi : c'est de celle-ci que nous allons nous occuper en premier lieu.

62. L'inaliénabilité n'est pas de l'essence du régime dotal comme en droit romain. Les époux peuvent y déroger par une stipulation expresse de leur contrat de mariage, et n'adopter qu'un régime dotal imparfait sous lequel les immeubles dotaux resteront aliénables (1).

La suppression du principe d'inaliénabilité peut être plus ou moins complète. Les époux peuvent se réserver purement et simplement la faculté d'aliéner l'immeuble dotal, ou bien assujettir l'aliénation à la condition d'emploi.

Occupons-nous d'abord du cas où la réserve d'aliéner est pure et simple.

63. Un des points qui soulèvent les plus vives controverses est de savoir si la simple clause d'aliénabilité insérée dans le contrat de mariage, autorise les époux à hypothéquer le fonds dotal. Mais avant de résoudre cette question, il faut examiner au préalable s'il est permis aux

---

(1) En Normandie, le fonds dotal pouvait être aliéné lorsque le mari en avait reçu le pouvoir par le contrat de mariage. La même dérogation au principe d'inaliénabilité avait été admise dans quelques pays de droit écrit (Serres, Inst., 100. Catelan, 4, 43. M. Benech, du Remploi, p. 171).

époux de stipuler le droit d'hypothéquer l'immeuble dotal.

Le plus grand nombre des auteurs et la jurisprudence (1) s'accordent à reconnaître que cette stipulation peut trouver place dans les conventions matrimoniales. Les principes de la loi Julia, où l'hypothèque était proscrite avec plus de sévérité que l'aliénation, avaient fait naître quelques doutes à cet égard. Le Code, disait-on, a voulu reproduire ces principes, puisque l'art. 1554, où se trouve le principe prohibitif, mentionne d'une manière distincte l'aliénation et l'hypothèque, tandis que dans les textes qui contiennent dérogation, il n'est parlé que de l'aliénation. Vainement prétendrait-on que la défense d'hypothéquer est inutile dans l'art. 1554, puisqu'elle existerait d'après les principes généraux du droit, quand même elle n'y serait pas écrite, et que dès lors on ne doit tenir aucun compte de la distinction qui semblerait résulter de ce texte. C'est précisément parce que l'hypothèque est comprise ordinairement dans l'aliénation, que le Code n'aurait pas songé à les distinguer, s'il n'avait pas eu des motifs particuliers pour le faire. Le droit d'aliéner et celui d'hypothéquer ne sont pas identiques, bien que l'hypothèque contienne

---

(1) 16 août 1837, cass. ; 7 juillet 1840, rejet.

en elle le germe de l'aliénation. L'hypothèque présente plus de dangers que l'aliénation directe. La femme, sous l'empire des suggestions de son mari, peut se laisser entraîner plus facilement à consentir une hypothèque sur l'immeuble dotal, qu'à s'en dépouiller par une vente. De plus, la vente peut avoir lieu dans des circonstances favorables, tandis que l'hypothèque, au contraire, peut amener une expropriation forcée, qui se fera à un moment inopportun, à un prix désavantageux, et dont les frais absorberont une grande partie.

Quelque spécieuse que soit cette argumentation, il est facile d'y répondre. L'art. 1554, qui parle séparément de l'aliénation et de l'hypothèque, a été copié dans la loi romaine, où cette distinction était écrite ; mais il ne faut pas croire que dans notre législation elle existe en réalité. Notre régime dotal ne contient pas, comme en droit romain, des maximes absolues de prohibition. Il est donc illogique d'y introduire les principes de la loi Julia, d'après laquelle il n'était permis de déroger en aucune manière à la règle de l'inaliénabilité. Il serait, d'ailleurs, bien étonnant que le Code, qui n'a admis le régime dotal qu'avec peine, ait voulu s'écarter en sa faveur du principe de l'art. 1387, d'après lequel les époux jouissent de la plus grande liberté dans leurs conventions matrimoniales. Le mot aliéner, dans le sens ordinaire, comprend l'hypothèque ainsi que tous les autres modes d'aliénation; or, rien n'indique que le Code ait voulu le restreindre. L'art. 7 du Code de commerce prouve, au contraire, d'une manière évidente que le législateur n'a pas voulu reproduire la dérogation au sens habituel du mot aliéner qui était formellement écrite dans la loi Julia. Ce texte, après avoir déclaré que les biens de la femme, marchande publique, mariée sous le régime dotal, restent soumis à la dotalité, ajoute qu'ils ne peuvent être hypothéqués ni aliénés que dans les cas déterminés par le Code civil. Il y a donc, dans le Code civil, des cas où il y a pleine exception à la double prohibition de l'art. 1554; or, le Code ne contient point d'autres exceptions que celles qui sont énumérées dans les art. 1555, 1556, 1557, 1558.

64. Cette question préjudicielle résolue, la seconde question que nous avons posée ne nous semble présenter aucune difficulté, quoique ici nous soyons en désaccord avec la majorité des auteurs et la jurisprudence constante de la Cour de cassation. S'il est admis que le mot aliéner soit pris dans un sens large dans l'art. 1557, et qu'il comprenne l'hypothèque, on doit en conclure nécessairement que les époux qui se sont référés à l'art. 1557, doivent l'avoir pris dans le même sens dans leur contrat de mariage.

La Cour de cassation, qui repousse cette solution, se contredit elle-même dans les motifs
de ses arrêts.

Il s'agit, dit-elle, d'une exception aux principes de la matière, d'une clause déroga-
toire au droit commun de la dotalité, et qui
dès lors doit s'interpréter restrictivement. Le
mot aliéner est pris dans un sens restreint,
aussi bien dans les art. 1555-1558 que dans
les dispositions de l'art. 1554 (1).

Mais si ces motifs étaient vrais, pourquoi la
Cour de cassation, dans un arrêt de rejet du
7 juillet 1840, reconnaît-elle la validité de la
clause du contrat de mariage par laquelle les
époux se réservent la faculté d'hypothéquer
l'immeuble dotal? La contradiction est flagrante, et la Cour condamne elle-même sa doctrine. Aussi c'est sur les motifs énoncés dans
les arrêts de la Cour elle-même que le pourvoi
s'appuyait pour demander la cassation de l'arrêt
attaqué. Il est vrai que, d'après la jurisprudence, le droit qu'elle accorde aux époux de
soustraire d'une manière complète l'immeuble
dotal à l'inaliénabilité, dériverait non pas de
l'art. 1557, mais de l'art. 1387, qui laisse aux
époux la plus grande latitude dans leurs conventions matrimoniales. Mais c'est là une er-

_____

(1) Arrêt du 20 mai 1839 (chambres réunies).

reur manifeste, comme le fait très-bien remarquer le pourvoi.

Les époux n'ont pas une liberté absolue; elle
a pour limite les dispositions prohibitives du
Code. Or, s'il était vrai que les époux ne trou-
vassent pas dans l'art. 1557 le droit d'hypothéquer l'immeuble dotal, ils ne pourraient déroger par une convention particulière à la
rigueur de la loi (1).

65. Le sens large que nous donnons au mot
aliéner tranche toutes les autres questions qui
pourraient s'élever sur le point de savoir quelle
est la portée de cette réserve insérée purement et simplement dans le contrat de mariage.
Ainsi, l'autorisation d'aliéner emportera le
droit de vendre, de transiger, de donner, de
compromettre, en un mot de disposer, à quelque titre que ce soit, de l'immeuble dotal. La
convention des époux a pour but et pour effet
de faire rentrer l'immeuble sous les principes
du droit commun. Il n'en serait autrement que
s'ils s'étaient expliqués d'une manière restric-
tive, en limitant par exemple la faculté d'a-
liéner aux dispositions à titre onéreux. Dans
le cas où il y aurait quelque doute et quelque

---

(1) V. M. Troplong sur l'art. 1557.

obscurité dans les clauses de leur contrat de mariage, on devrait se référer aux règles générales tracées par le Code pour l'interprétation des contrats.

66. Nous avons dit que la faculté d'aliéner, stipulée dans le contrat de mariage, emporte le pouvoir de compromettre. Plusieurs auteurs cependant font une différence entre le compromis et l'aliénation. Voici comment ils raisonnent : le pouvoir de transiger est le même que celui d'aliéner ; or, nous voyons dans l'article 1045 que le pouvoir de transiger ne renferme pas celui de compromettre ; d'ailleurs ce serait éluder la disposition de l'art. 83 du Code de procédure, qui exige que toutes les clauses intéressant la dot de la femme mariée sous le régime dotal soient communiquées au ministère public. Nous avons déjà répondu précédemment que l'art. 83 du Code de procédure n'a en vue que la partie de la dot soumise à l'inaliénabilité. Or, dans l'espèce, les immeubles ont été stipulés aliénables. Quant à l'argument tiré de l'art. 1989, on ne doit pas s'y arrêter ; il est bien évident que le mandataire ne doit pas sortir des limites de son mandat, et que, s'il a reçu qualité pour transiger, il n'a pas le droit de compromettre. Mais la réserve d'aliéner, stipulée par les époux,

ne doit pas s'interpréter avec la même restriction (1).

67. Examinons maintenant quel est l'effet
de la clause d'emploi ou de remploi.

Le remploi dotal ne se gouverne pas d'après
les mêmes principes que le remploi de communauté : l'un est une charge réelle qui affecte
l'immeuble et le suit dans quelque main qu'il
passe, l'autre n'est une loi que pour le mari, et
n'a aucun effet contre les tiers acquéreurs.

L'inaliénabilité est la loi naturelle de la dot.
La défense d'aliéner n'étant levée qu'à certaines conditions, il est donc nécessaire que
ces conditions soient accomplies pour que la
vente soit valable. Les tiers acquéreurs doivent
garder le prix de l'immeuble entre leurs mains,
tant que le remploi n'est pas effectué, s'ils ne
veulent pas s'exposer à payer une seconde fois,
ou à délaisser l'immeuble sur l'action en révocation de la femme (2).

Ils sont non-seulement responsables du défaut de remploi, mais encore de son inuti-
lité ou de son insuffisance. Ainsi il faut que
l'immeuble acquis en remplacement soit exempt

---

(1) Aff., MM. Marcadé sur 1557, n° 2 ; Tessier, 1, n° 596, Grenoble,
12 février 1846, Bordeaux, 5 juillet 1849. — Nég. : MM. Duranton, 15,
484 ; Zachariæ, 3, 585, Nîmes, 26 février 1812, Lyon, 20 août 1828.
(2) Cass., 25 août 1840.

d'éviction, et de la même valeur que l'immeuble dotal. La femme a le droit de retrouver l'équivalent de ce qu'elle a aliéné (1). Comme il est souvent très-difficile de connaître les charges réelles qui grèvent un immeuble, la prudence exige que l'acquéreur ne paye son prix que sur un jugement qui déclare l'emploi bon et valable.

68. Le remploi doit s'opérer sur des biens de même nature. Ainsi un héritage ne pourrait être remplacé par des valeurs mobilières ou des sûretés hypothécaires, mais le remploi serait valable, s'il était fait en valeurs qui ont reçu de la loi la qualité d'immeubles, telles que les actions de la banque de France (Cour de Paris, 15 janvier 1855). Il n'en serait autrement que si la clause de remploi indiquait la nature des biens, sur lesquels devrait porter la subrogation réelle (2). Il faudrait exécuter cette condition, comme toutes celles auxquelles les parties auraient soumis l'aliénation du bien dotal. Cependant lorsque le contrat de mariage assigne un certain délai à la réalisation du remploi, nous ne pensons pas que la vente puisse être déclarée nulle, sous prétexte que le remploi n'a pas eu lieu dans le délai indiqué; ce délai n'est qu'une indication pour le mari,

---

(1) Cass., 22 mai 1840.
(2) MM. Troplong et Marcadé sur 1557. Caen, 8 mai 1838.

et non une loi pour l'acquéreur. Les époux qui pourraient consentir une nouvelle vente de l'immeuble dotal, sont censés avoir ratifié la première, en effectuant après coup le remploi stipulé (1).

69. Le remploi doit être total et comprendre toutes les sommes qui ont été payées à la femme, pour prix de son immeuble. Mais il est impossible que le prix soit reporté en entier sur le nouvel immeuble, puisqu'il faut en déduire les frais et loyaux coûts qu'entraînera l'acquisition. Dans ce cas, la femme sera-t-elle reçue à se plaindre de l'insuffisance du remploi, et pourra-t-elle, sans tenir compte de ces frais et loyaux coûts, exiger qu'un bien vendu 100,000 francs, par exemple, soit remplacé par un bien de même valeur? Sous l'ancienne jurisprudence, Salviat (2) mettait les frais d'acquisition à la charge du mari, parce que la clause de remploi avait été stipulée dans son intérêt. La cour de Caen a jugé cette question par arrêt du 18 décembre 1837 (Dev. 1, 2, 186) (3), elle a mis les frais et loyaux coûts à la charge de l'acquéreur du fonds dotal. La femme, disent les motifs de cet arrêt, a le droit

---

(1) Nîmes, 9 août 1842. Benech, du Remploi, p. 192.

(2) V° Dot, p. 408 et 409.

(3) V. dans ce sens un arrêt de la même cour du 7 juillet 1845 (J. du Palais, 1845, 2, 609).

de retrouver dans l'immeuble acquis en remploi, l'équivalent de ce qu'elle a aliéné. Sa dot ne peut être diminuée, et elle se trouverait considérablement réduite dans le cas de plusieurs ventes successives.

Cette jurisprudence nous paraît trop contraire aux règles les plus simples de l'équité, pour que nous puissions l'admettre. C'est la femme qui doit subir les conséquences des clauses d'emploi ou de remploi qu'elle a insérées dans son contrat de mariage. Il est vrai que la dot sera diminuée, mais c'est là une diminution nécessaire, qui résulte de la force même des choses, et qui doit par conséquent retomber sur la femme, et non sur les tiers acquéreurs, ou sur le mari, qui n'ont aucune faute à se reprocher. Il est juste que le patrimoine, pour la conservation duquel certaines précautions ont été stipulées, supporte la perte qu'entraîne leur exécution. La cour de Caen dans son arrêt avance que le singulier système, par lequel elle met les frais à la charge de l'acquéreur, est consacré par la jurisprudence. Nous ne connaissons dans ce sens aucun autre arrêt que le sien. On peut argumenter au contraire de ce que la jurisprudence décide au cas d'échange : elle partage les frais contre la femme et le copermutant (1).

---

(1) MM. Benech, du Remploi, p. 212 ; Troplong, 4, 3429.

70. En général les tiers sont responsables du remploi. Il est pourtant des cas où le principe de la responsabilité reçoit exception. Ce sont ceux où l'aliénation n'émane pas de l'initiative des époux, mais est amenée par des circonstances indépendantes de leur volonté. Ainsi l'adjudicataire d'un immeuble exproprié pour cause d'utilité publique, n'est pas tenu de garantir le remploi, quand même il aurait été stipulé d'une manière expresse dans le contrat de mariage. D'après la loi du 3 mai 1811, le tribunal ordonne les mesures qu'il croit nécessaires pour la conservation et le remploi de la dot. Or il est évident que dans le cas où les immeubles ne sont pas déclarés aliénables par le contrat de mariage, il ne peut pas être question de responsabilité pour l'adjudicataire. L'obligation de remploi provient d'une décision du tribunal et n'a d'effet que contre le mari. Il doit en être de même lorsque les époux ont adouci la rigueur du principe d'inaliénabilité par une clause de remploi. La position des tiers ne peut pas être empirée parce que le contrat de mariage a relâché les entraves de la dotalité. D'ailleurs l'obligation de remploi n'a été stipulée qu'au cas d'aliénation volontaire, et il s'agit ici d'une aliénation forcée (1).

____

(1) Rouen, 23 juillet 1845.

435

71. Il faut décider d'après les mêmes principes que le débiteur d'une rente, qui paye le capital, n'est pas responsable du défaut de remploi, lors même que l'aliénation de la rente aurait été soumise à cette condition. Il ne s'agit pas ici d'une conversion volontaire de la chose dotale. Le débiteur ne fait qu'user de son droit en payant, et ce droit ne peut recevoir d'atteinte de la part des époux.

72. L'immeuble acquis en remploi devient lui-même aliénable sous les mêmes conditions que l'immeuble primitivement constitué en dot. *Subrogatum sumit naturam subrogati.* Cette faculté laissée au mari de remplacer l'héritage aliénable à charge de remploi par une série d'acquisitions successives, constitue la différence la plus saillante entre la clause de remploi, et celle d'emploi des deniers dotaux. L'une a le plus souvent pour objet d'immobiliser une fois pour toutes la dot en argent, et de la placer sous la sauvegarde de l'inaliénabilité. L'autre, en permettant d'aliéner indéfiniment le fonds dotal, à condition de le remplacer par d'autres immeubles affectés de la même dotalité, pourvoit à la conservation de la dot, en même temps qu'elle offre aux époux le moyen de l'améliorer par d'heureuses spéculations.

73. L'aliénation du bien dotal aliénable à

charge de remploi, est exempte des formalités prescrites par l'art. 1558. Ces formalités ne sont exigées que s'il n'a pas été dérogé par le contrat de mariage au principe d'inaliénabilité (1).

74. Occupons-nous maintenant des véritables exceptions à la règle de l'inaliénabilité. Elles peuvent se diviser en trois catégories :

1° L'aliénation peut être faite soit avec l'autorisation du mari seulement, soit avec l'autorisation de justice seulement (1555) ;

2° Elle ne peut avoir lieu qu'avec l'autorisation du mari (1556) ;

3° Elle n'est permise qu'avec l'autorisation de justice (1558).

75. Les biens dotaux peuvent être aliénés pour l'établissement des enfants. C'est la plus légitime et la plus favorable des exceptions. Elle est conforme à la destination naturelle de la dot, dont la conservation n'est entourée de tant de garanties, que pour assurer l'avenir et la prospérité de la famille. La donation faite en faveur des enfants est moins une aliénation qu'une confirmation de la propriété sur la tête de celui à qui elle appartenait déjà. *In suis hæredibus*, dit le jurisconsulte Paul, *evidentius apparet continuationem dominii eorem perducere,*

***

(1) Arrêt de cass. du 3 mai 1842.

ut nulla videatur hæreditas fuisse, quasi olim hi domini essent qui etiam vivo patre quodammodo domini existimantur (1).

C'est par ces motifs que l'ancienne jurisprudence faisait fléchir dans ce cas la règle de l'inaliénabilité de la dot (2). C'est sous l'influence des mêmes idées que les art. 1555 et 1556 du Code ont été rédigés. Le premier de ces textes s'occupe de l'établissement des enfants nés d'un mariage antérieur, le second pourvoit à l'établissement des enfants communs.

« La femme peut, avec l'autorisation de son mari ou, sur son refus, avec permission de justice, donner ses biens dotaux pour l'établissement des enfants qu'elle aurait eus d'un mariage antérieur; mais si elle n'est autorisée que par justice, elle doit réserver la jouissance à son mari (1555). »

« Elle peut aussi, avec l'autorisation de son mari, donner ses biens dotaux pour l'établissement de leurs enfants communs (1556). »

Ainsi, lorsqu'il s'agit de l'établissement des

---

(1) L. 11, de lib. et posthum.

(2) V. Merlin, Rép., Dot, § 8. Cependant quelques coutumes imposaient certaines limites à cette libéralité. La coutume d'Auvergne (ch. 14, art. 6) ne permettait l'aliénation des biens dotaux que jusqu'à concurrence du quart, et la coutume de la Marche que pour moitié (art. 1401).

enfants que la femme a eus d'un premier lit,
l'autorisation de justice peut suppléer celle du
mari. La loi n'a pas voulu que ces enfants fussent privés de tout moyen d'établissement par
la mauvaise volonté d'un beau-père. Mais
comme le mari ne peut être dépouillé, malgré
lui, d'un droit qui lui appartient, il conserve
en ce cas l'usufruit des biens aliénés. Mais lorsqu'il s'agit de l'établissement des enfants communs, la justice ne peut intervenir. Comme le
mari doit avoir pour ces enfants la même af-
fection que la mère, on présume que son refus
est fondé sur de justes raisons. D'ailleurs, il
importe de ne pas laisser à la mère la faculté
de procurer à ses enfants le moyen de se ma-
rier sans le consentement de leur père (1).

76. La loi ne doit pas être interprétée restrictivement. Ce n'est pas seulement d'un établissement par mariage qu'elle parle, c'est de tout établissement de nature à assurer le sort de l'enfant.
Ainsi, les biens dotaux peuvent être employés
à l'achat d'une étude, d'un fonds de commerce.
La jurisprudence admet également comme valable l'aliénation qui aurait été faite dans le

---

(1) La loi, dans les art. 1555 et 1556, se sert de l'expression générale
biens dotaux, parce que la femme, sans l'autorisation de son mari, est
aussi incapable de disposer de ses meubles que de ses immeubles. On ne
peut donc tirer argument de ces articles en faveur de l'inaliénabilité de la
dot mobilière.

but de libérer l'enfant du service militaire ou de payer ses frais d'étude. Si ce ne sont pas là des établissements proprement dits, ce sont du moins des préliminaires indispensables, pour que l'enfant puisse s'ouvrir une carrière dans le monde (1).

Nous pensons aussi que la femme pourrait cautionner sur ses fonds dotaux la dot promise par le mari, quoique la Cour de Limoges ait jugé la négative dans un arrêt du 6 janvier 1841 (Dev., 41, 2, 588). Le cautionnement, disent les motifs de cet arrêt, offre des dangers qui peuvent échapper à la femme. D'ailleurs, de ce que la loi autorise une disposition directe en faveur de l'enfant, on ne doit pas conclure qu'elle ait voulu permettre une disposition faite dans l'intérêt et au profit d'un tiers.

Il n'est pas exact de prétendre, comme le fait la Cour de Limoges, que cette libéralité ait lieu dans l'intérêt d'un tiers, elle est tout entière en faveur de l'enfant dont elle a pour but de faciliter le mariage, et, par conséquent, elle rentre dans la disposition de l'art. 1886. Il est bien entendu que la donation resterait sur la tête du mari, et que la femme conserverait contre lui son droit de reprise et d'hypothèque légale.

_____

(1) Cass., 5 avril 1855 (Dev., 55, 1, 422).

77. Il faut que la donation soit faite de bonne foi. C'est ce qu'a jugé la Cour de cassation dans l'espèce suivante : Une femme avait constitué en dot à sa fille l'immeuble dotal ; et, dans le contrat de mariage de celle-ci, il avait été stipulé que l'immeuble donné serait aliénable, à la charge de payer les dettes du père. La Cour annula cette donation comme un moyen frauduleux imaginé par les époux, pour parvenir à l'aliénation de la dot contrairement aux prescriptions de la loi (1).

78. Dans les cas prévus par les art. 1555 et 1556, la femme pourrait engager sa dot par des obligations hypothécaires.

Nous l'avons démontré plus haut, dans le commentaire de l'art. 1557, lorsque nous avons repoussé la distinction qu'on essayait d'établir entre le droit d'aliéner et le droit d'hypothéquer. De plus, nous sommes ici dans une situation toute favorable à l'interprétation extensive. Tous les arrangements destinés à faciliter l'établissement des enfants méritent d'être encouragés. D'ailleurs, il serait trop rigoureux de forcer la femme à consentir au morcellement d'un bien qu'elle affectionne, lorsqu'elle

_____

(1) Cass. rej., 7 juillet 1830 (Dal., 30, 1, 373).

peut éviter cette dure extrémité en consentant un léger emprunt hypothécaire (1).

70. Les art. 1558 et 1559 renferment une nouvelle classe d'exceptions au principe de l'inaliénabilité dotale, qui sont toutes fondées sur des motifs de haute convenance ou d'impérieuse nécessité. Mais, comme ici les collusions entre les époux, pour violer les règles de la dotalité, sont plus à craindre que dans les cas prévus par les art. 1555 et 1556, la justice doit intervenir pour examiner si l'aliénation est réellement utile, et si les circonstances sont telles, qu'il y ait lieu de l'autoriser.

La loi exige en outre que l'immeuble soit vendu aux enchères après trois affiches, pour qu'il soit porté à sa plus haute valeur.

80. Ce texte doit être complété par l'article 907 (alin. 2 et 3) du Code de procédure, révisé par la loi du 2 juin 1841, lequel dispose : « Lorsqu'il y aura lieu de vendre les immeubles dotaux dans les cas prévus par l'art. 1558, la vente sera préalablement autorisée sur requête par jugement rendu en audience publique. Seront, au surplus, applicables les art. 955 et 956 et suivants au titre de la vente des biens immeubles appartenant à des mineurs ». Comme l'art. 959 du Code de

---

(1) Arrêt de rej., 1er avril 1845.

procédure n'exige pour la vente des biens immeubles appartenant à des mineurs qu'une
seule apposition d'affiches, nous pensons que
l'art. 1558 du Code civil, qui exigeait trois
affiches, c'est-à-dire, sans doute, trois apposi-
tions successives, se trouve abrogé en ce point
par la loi du 2 mai 1841, relative aux ventes
judiciaires. D'ailleurs, cette loi a remplacé
avantageusement les deuxième et troisième
affiches par l'insertion qui doit être faite dans
les journaux.

81. Dans les quatre premiers cas prévus par
l'art. 1558, la demande d'autorisation doit
être portée devant le tribunal du domicile
conjugal, comme étant le seul à même d'apprécier si les époux n'ont pas d'autres ressources que l'aliénation de la dot pour parer
aux besoins imprévus de leur situation. Mais,
lorsqu'il s'agit d'autoriser la licitation d'un
immeuble que les époux prétendent impartageable, conformément aux règles générales du
partage, c'est le tribunal de la situation qui
est compétent (1).

L'autorisation doit être demandée par la
femme, puisque c'est elle à qui la propriété
appartient; cependant, le mari peut lui-même

---

(1) V. au tit. II du Contr. de mariage, de MM. Rodière et Pont, la
section intitulée : *Des formalités exigées pour l'aliénation de la dot.*

la demander, et l'obtenir même contre le gré
de sa femme, dans tous les cas où l'immeuble
est menacé ; par exemple, s'il est nécessaire
de faire de grosses réparations, ou de prévenir
les frais d'une saisie imminente ; mais il est
bien entendu que la femme devra être mise en
cause, puisqu'en définitive l'aliénation ne peut
émaner que d'elle seule.

Venons maintenant aux détails de notre
article.

L'immeuble dotal peut être aliéné pour tirer
de prison le mari ou la femme, quelle que soit
d'ailleurs la cause de la détention, qu'elle ait
une origine civile, commerciale ou criminelle,
peu importe, pourvu qu'elle soit pécuniaire (1).
Le législateur a pensé que la perte de la liberté
de l'un des époux serait plus préjudiciable à la
société conjugale, à l'avenir des enfants, que
la perte du fonds dotal. L'intérêt de l'huma-
nité se joint ici à l'intérêt du ménage ; on ne
doit pas interdire à l'un des époux la faculté de
venir au secours de son conjoint. C'est même
là une des obligations du mariage.

Nous pensons même qu'il suffirait qu'un jugement emportant contrainte par corps eût été

---

(1) Sous la coutume de Bordeaux, l'aliénation du bien dotal n'était
permise que si l'emprisonnement avait eu lieu pour cause criminelle ou
infamante. V. M. Tessier, note 633.

rendu, et que l'incarcération fût imminente, pour que la justice pût autoriser l'aliénation. Cette opinion paraît contraire à la lettre de la loi, mais elle est conforme à l'esprit qui l'a dicté. L'emprisonnement pour dettes porte une grave atteinte à la considération du mari; il importe de le prévenir. La circonstance que le débiteur n'est pas en prison n'est donc, à nos yeux, qu'un motif d'examiner la demande avec une sorte de défiance et une extrême circonspection, mais non une fin de non-recevoir insurmontable (1). Par des motifs analogues, la vente de l'immeuble dotal devrait être permise, bien que l'époux eût la faculté d'obtenir sa liberté en faisant cession de biens; car la cession de biens est une ressource extrême et déshonorante. D'ailleurs, la loi ne fait pas de distinction.

83. En droit romain, l'aliénation de la dot était permise, non-seulement pour tirer le mari de prison, mais encore pour en faire sortir les proches parents. Cette loi était observée dans les pays de droit écrit. Il faut suivre les mêmes principes sous le Code qui ne doit pas se mon-

---

(1) Aff., Deluca, de dote disc., 95, n° 8. Basnage, 541, de la Cout. de Normandie. Nég., cass., 20 avril 1841 (Dev., 41, 1, 250). MM. Duranton, 15, 508; Troplong, 4, 544.

trer plus rigoureux que l'ancienne jurisprudence. Nous pensons donc qu'on ne peut refuser
aux époux le droit d'aliéner le fonds dotal pour
rendre à la liberté les enfants et toutes les personnes en faveur desquelles la loi impose aux
époux l'obligation de fournir des aliments. Il
serait absurde de prétendre que la loi, qui
accorde aux époux le droit d'aliéner les biens
dotaux sans autorisation, pour procurer aux
enfants un établissement, eût voulu leur refuser
la faculté de les aliéner, même avec autorisation de justice, lorsqu'il s'agit de tirer les enfants de prison.

En général, on ne doit pas s'en tenir trop
servilement à la lettre des exceptions formu-
lées par notre article. Il résulte des discussions
du conseil d'État qu'il faut s'en remettre à la
sagesse des tribunaux du soin d'en apprécier
l'esprit et la mesure. Dans la séance du 4 brumaire an XII (27 octobre 1803), où fut discuté
l'art. 108 du projet, correspondant à l'art. 1558
du Code civil, le consul Cambacérès ayant ex-
primé l'opinion que les causes qui devaient
rendre la dot aliénable étaient conçues d'une
manière trop vague et trop générale, M. Portalis répondit que la section de législation s'en
était référée à la jurisprudence pour l'explication de cet article.

81. Lorsqu'il s'agit de procurer la liberté au

mari, le consentement de la femme est nécessaire pour l'aliénation des biens dotaux. Nulle
part la loi n'impose à la femme le sacrifice de
sa propriété pour tirer le mari de prison.
S'il s'agit, au contraire, de procurer la liberté
à la femme, le refus du mari ne saurait empêcher l'aliénation de la dot, qui est la propriété
personnelle de la femme. Seulement le droit de
jouissance du mari ne pourrait recevoir d'atteinte contre son consentement, à moins qu'il
n'eût été complice du fait qui a motivé l'incarcération de la femme. Nous appliquerons à ce
cas, par analogie, la disposition de l'art. 1424
du Code, d'après lequel les amendes encourues
par la femme commune ne peuvent s'exécuter
que sur la nue propriété de ses biens personnels, tant que dure la communauté.

85. Lorsque la femme aura vendu l'immeuble
dotal pour tirer son mari de prison, comme son
argent aura servi à payer les dettes du mari, il
est évident que ce dernier, s'il revient à
meilleure fortune, doit l'indemniser de ce dont
elle l'a libéré, nul ne devant s'enrichir aux
dépens d'autrui. C'est ce que décidait expressément l'art. 841 de la coutume de Normandie;
la raison et l'équité exigent qu'il en soit de
même dans notre législation

86. L'immeuble dotal peut être aliéné pour
fournir des aliments à la famille dans les cas

prévus par les articles 203, 205 et 206, au titre du mariage. L'obligation de fournir des aliments à ses parents est la plus sacrée de toutes les dettes ; elle nous est imposée par la nature elle-même : *Necare videtur qui alimenta denegat*. L'obligation alimentaire comprend tout ce qui est nécessaire pour les besoins de la vie, la nourriture proprement dite, le logement, les vêtements, les remèdes dans les maladies, les dépenses indispensables pour assurer aux enfants l'éducation appropriée à leur condition (1).

Elle est commune aux deux époux et le mari ne serait pas reçu à demander la réserve de son usufruit. Les tribunaux ne pourraient même autoriser l'aliénation de la dot que si les autres biens des époux étaient insuffisants.

87. La coutume de Normandie donnait à la femme un recours contre son mari, lorsque l'obligation de fournir des aliments avait entraîné la nécessité d'aliéner le fonds dotal. Les mêmes principes doivent être suivis aujourd'hui. La dot ne peut se perdre sans une absolue nécessité, et quand il y a moyen de faire autrement. D'après l'art. 1564, le mari est obligé de restituer à la femme tout ce qu'il a reçu d'elle à titre de dot ; d'ailleurs le mari qui pourrait capitaliser les fruits de la dot, et en employer

---

(1) Rej., 3 mai 1842 (Dev., 42, 1, 294).

le superflu à son profit, est aussi chargé de pourvoir avec ces mêmes fruits aux besoins et à l'entretien de la famille. Il est donc juste que, s'il profite des chances de gain, il ait aussi à courir les risques et à supporter les pertes. Il ne peut s'affranchir des conditions du contrat. *Ubi est emolumentum, ibi est onus* (1).

88. L'immeuble dotal peut être aliéné pour payer les dettes de la femme ou de ceux qui ont constitué la dot, lorsque ces dettes ont une date certaine antérieure au contrat de mariage.

L'autorisation de justice et les formalités à remplir ne sont exigées que de la part de la femme, et ne s'adressent pas aux créanciers.

En effet, de deux choses l'une : si les créanciers ont conservé leur action directe sur les immeubles dotaux, la permission de la justice leur est inutile pour les saisir ; s'ils l'ont perdue, les tribunaux ne peuvent leur accorder un droit que la loi leur refuse.

89. Pour mettre plus de méthode dans cette matière, nous allons d'abord examiner quels sont les droits des créanciers de la femme ; nous nous occuperons ensuite des créanciers du constituant.

Il est évident que les créanciers hypothécaires conservent leur droit de saisie sur l'im-

(1) Nîmes, 24 août 1842.

meuble dotal. L'hypothèque est une charge
réelle qui affecte le fonds, et ne peut recevoir
aucune atteinte des actes consentis par le débiteur.

90. A l'égard des créanciers chirographaires,
ils peuvent saisir les biens dotaux, lorsque la
constitution de dot est universelle ; car alors
cette universalité est devenue dotale, telle
qu'elle se comportait, c'est-à-dire avec les charges qui la grevaient et la diminuaient. *Non
bona intelliguntur, nisi deducto œre alieno*. Mais
lorsque la constitution de dot est à titre singulier, il faut distinguer si elle a eu lieu en fraude
des créanciers. Dans ce cas, il est hors de doute
qu'elle ne leur est pas opposable. En effet, tout
créancier hypothécaire ou chirographaire est
autorisé à demander que l'acte, qui a été fait
en fraude de son droit, soit considéré comme
non avenu à son égard. Toutefois, la nue propriété seulement sera saisissable si le mari est
de bonne foi ; car, la jouissance de l'immeuble
ne lui a pas été cédée gratuitement, mais à titre
onéreux pour l'aider à supporter les charges
du mariage.

91. Tout le monde est d'accord sur cette
première hypothèse ; mais il n'en est plus de
même lorsque la femme était de bonne foi en
constituant la dot.

S'ils doivent respecter le droit d'usufruit du

mari, ne peuvent-ils pas du moins saisir la nue propriété de l'immeuble? Selon quelques auteurs le droit de saisie est conservé aux créanciers; car, quoique l'immeuble soit devenu dotal, il n'est pas moins resté dans le patrimoine de leur débitrice. Or, s'il continue d'être la propriété de la femme, il n'a pas cessé d'être le gage de ses créanciers. Nous ne pouvons admettre cette opinion. Sans doute, tant qu'un bien n'est pas sorti de la fortune du débiteur, il sert de gage à ses créanciers; mais tout acte par lequel le débiteur modifie soit en l'augmentant, soit en l'amoindrissant, son droit de propriété, modifie de la même manière le droit de ses créanciers. Or, si le fonds dotal n'est pas à la disposition du débiteur, il n'est plus à la disposition de ses créanciers. Ceux-ci ne peuvent pas avoir le droit d'aliéner un bien qui, au moment de la saisie, ne pourrait pas être aliéné par le débiteur lui-même (1).

92. Les époux, en s'adressant à la justice, ont la faculté de prévenir les poursuites des créanciers, qui ont conservé leur droit de saisie sur l'immeuble dotal. A quoi bon les forcer d'attendre les dangers et les frais considérables qu'entraîne une expropriation forcée? Les tribunaux devront donc autoriser la vente s'il est

_____

(1) M. Marcadé sur 1538. Contra, M. Duranton, 15, 513.

435

démontré que la femme n'a pas d'autres ressources pour se libérer.

Cette autorisation ne pourrait être refusée,
même lorsqu'il s'agit de dettes dont les créanciers n'auraient pas le droit de poursuivre le
payement sur les biens dotaux pendant la durée
du mariage. C'est surtout pour ce cas que notre
article a été fait, puisque dans tous les autres
l'autorisation de justice n'est pas indispensable
pour procéder à l'aliénation, et que les créanciers ont conservé le droit de saisir l'immeuble
dotal indépendamment de la volonté de la
femme; d'ailleurs l'intérêt de la femme exige
que la vente soit permise. Les immeubles sont
beaucoup moins productifs que les capitaux
mobiliers. Si la femme doit une somme dont
les intérêts sont exigibles à 5 %, et si l'immeuble dotal ne rapporte, comme presque tous
les immeubles, que 2 1/2 à 3 %, l'accumulation des intérêts amènerait infailliblement la
ruine de la femme au bout d'un certain temps,
si elle n'avait pas la faculté d'aliéner l'immeuble dotal, avec permission de justice, pour
éteindre la dette, ou du moins pour payer les
intérêts.

93. Lorsque la dot a été constituée par un
tiers, pour savoir quels sont les droits de ses
créanciers, et dans quelles circonstances la
justice pourra autoriser l'aliénation du fonds

dotal, il faut établir des règles et des distinctions analogues à celles que nous avons déjà
présentées.

Les créanciers du constituant peuvent saisir
l'immeuble dotal : 1° quand il est compris
dans une constitution universelle ; 2° quand il
est affecté d'une hypothèque, et enfin quand
la constitution de dot, à titre particulier, a été
faite en fraude de leurs droits. Mais, dans ce cas,
ils ne peuvent agir que sur la nue propriété, à
moins que le mari n'ait été complice de la
fraude.

Il va de soi que les règles, que nous venons
de poser, ne seraient plus applicables lorsque
le donateur, maître des conditions légitimes
de sa libéralité, aurait lui-même réglé dans sa
disposition la part suivant laquelle la femme
serait soumise à l'acquittement de ses dettes,
de même que le mari devrait aussi exécuter les stipulations du contrat de mariage
relatives aux engagements contractés par la
femme.

94. La loi suppose qu'il s'agit de dettes an-
térieures au contrat de mariage. Ainsi, les
créanciers munis d'actes sous seing privé,
n'ayant acquis date certaine que dans l'intervalle du contrat de mariage à la célébration,
ne pourraient pas, comme sous le régime de
communauté légale, saisir la nue propriété du

fonds dotal (1) ; les époux eux-mêmes ne pourraient pas se faire autoriser judiciairement à vendre l'immeuble pour éteindre cette dette (2).

Nous avons vu précédemment que les aliénations du bien dotal, consenties par la femme dans l'intervalle des deux contrats, étaient valables, du moins quant à la nue propriété. La loi s'est montrée plus rigoureuse à l'égard des dettes contractées dans le même espace de temps, et a reculé leur exécution sur les biens dotaux jusqu'après la dissolution du mariage, parce qu'avant cette époque cette exécution porterait sur un bien déjà frappé d'inaliénabilité, tandis qu'au contraire, dans le cas précédent, la translation de propriété s'opère à un moment où le bien n'est pas encore soumis aux entraves de la dotalité.

La certitude de la date ne peut résulter que des présomptions légales établies par l'article 1328. Cependant la faveur du commerce a fait admettre une exception pour les dettes contractées par la femme pendant qu'elle était marchande publique. La Cour de cassation a

---

(1) *Contra*, M. Valette.

(2) Voici un des plus graves inconvénients du régime dotal. Cette nécessité d'attendre la dissolution du mariage pour payer les dettes qui n'ont pas acquis date certaine avant le contrat de mariage, amènera d'une manière infaillible la ruine de la femme par l'accumulation des intérêts.

jugé que les porteurs de lettres de change sous-
crites par la femme marchande publique, peuvent poursuivre leur payement sur les biens
dotaux, lors même que leurs titres n'auraient
pas acquis date certaine avant le contrat de
mariage, pourvu qu'il y ait preuve acquise de
leur antériorité (1).

95. Tant que dure l'union conjugale, le principe d'inaliénabilité s'oppose à ce que les biens
dotaux soient saisis pour l'exécution des obligations résultant des actes émanés de la femme
pendant le mariage. Il est pourtant certaines
exceptions qui, sans être écrites dans la loi,
sont commandées par la nature des choses.

Ainsi l'immeuble dotal peut être saisi, avant
la dissolution du mariage, pour le payement
des amendes et des dommages-intérêts pro-
noncés contre la femme en réparation de ses
délits ou de ses quasi-délits. Cette opinion est
admise par presque tous les auteurs, et par la
jurisprudence, qui n'a fait que reproduire les
principes de l'ancien droit. La femme ne saurait être, plus que le mineur, à l'abri de la responsabilité qui résulte de l'art. 1382. C'est là
une règle d'ordre public. Le principe de l'inaliénabilité ne peut pas être, pour la femme,
une protection contre ses méfaits, ni devenir

(1) Cass., 1er décembre 1830 (D., 31, 1, 9).

pour elle un moyen de nuire impunément aux tiers. D'ailleurs, on ne peut faire, à celui qui souffre d'un délit commis par la femme, le reproche que l'on adresse à la personne qui a contracté avec elle sans s'assurer de sa capacité (1). Mais, comme les actes de la femme ne doivent pas porter atteinte aux droits du mari, l'usufruit des biens dotaux ne peut être saisi, à moins que le mari n'ait été complice du délit.

96. Nous venons de parler du cas où le délit a eu pour résultat l'aliénation de la dot indépendamment de la volonté de la femme ; mais lorsqu'il consiste en manœuvres frauduleuses imaginées par les époux pour parvenir à éluder les prescriptions de la loi, la femme aura le droit d'invoquer le principe de l'inaliénabilité dotale contre le tiers qui a prêté les mains à ces manœuvres. Si, au contraire, le tiers était de bonne foi, et s'il a été victime du dol concerté entre les époux, l'aliénation ou l'engagement contractuel des immeubles dotaux doit être maintenue à titre de réparation du préjudice ; et la femme, dans ces circonstances, sera repoussée dans son action par une fin de non recevoir (2).

---

(1) L'opinion contraire n'est soutenue que par M. Tessier, t. 1, n° 78.
(2) Cass., 1er août 1842 (D., 42, 1, 325).

97. Les frais et les dépens des contestations relatives à la dot de la femme doivent être payés sur les fruits et les intérêts de cette dot. Mais, en cas d'insuffisance des revenus, ces frais sont recouvrables sur le capital. Ainsi, lorsque la femme a fait prononcer la séparation de biens pour mettre un terme à la mauvaise administration du mari, personne ne doute que l'avoué ait le droit de recouvrer les avances qu'il a faites sur les immeubles dotaux, si le mari est insolvable, et si la femme n'a pas des paraphernaux suffisants pour acquitter la dette. Ce cas doit être assimilé aux dépenses faites pour la conservation de l'immeuble dotal (1).

Il doit en être de même des frais de tous les procès dotaux qui seraient intentés par le mari. En effet, du moment que la loi lui donne l'exercice des actions dotales, il serait injuste que les tiers, qui sont obligés de répondre à son action, aient à supporter les frais d'un procès intenté mal à propos.

98. Nous adopterons la même solution dans le cas où il s'agit d'une contestation qui n'intéresse pas la dot de la femme. Ici, nous sommes en dissentiment avec la plupart des auteurs, qui se fondent sur le silence de notre article pour refuser, d'une manière absolue, le

---

(1) Toulouse, 28 avril 1828 (D., 30, 2, 111).

recouvrement des frais et des dépens sur l'immeuble dotal (1). Ce système nous paraît blesser trop ouvertement l'équité pour que nous l'admettions. Certaine de demeurer, pendant la durée du mariage, à l'abri de toute poursuite, parce que sa fortune ne consisterait qu'en biens dotaux, la femme ne craindrait pas d'intenter tous les jours les actions les plus téméraires et les plus vexatoires, ou de résister avec entêtement aux demandes les mieux fondées. Le repos des citoyens doit-il être aussi abandonné à la merci de ses caprices, sans qu'elle soit tenue à aucune réparation actuelle, à raison du dommage qu'elle a causé, quoiqu'elle soit en possession de biens considérables ? Suspendre toute action jusqu'après la dissolution du mariage, n'est-ce pas garder envers la femme des ménagements qu'elle ne mérite point (2) ?

Quelques auteurs, frappés des abus et des dangers que présente ce système, accordent que les frais peuvent être recouvrés sur l'immeuble dotal, mais seulement lorsque la contestation n'est sans aucun fondement de la part de la femme (3). Ils assimilent ce cas à celui de

---

(1) MM. Proudhon, usuf., 4, n° 1750 ; Duranton, 15-534 ; Tessier, 1, p. 451.

(2) Dans l'ancien droit arr., Roussilhe, t. 1, p. 431. Neg., Serres, Ins., liv. 2, tit. 8, p. 152.

(3) M. Troplong, t. 4, n° 3327 ; rejet, 22 déc. 1847.

quasi-délit. Nous repoussons cette distinction, qui donnerait elle-même naissance à un foule de procès. Dans le cas qui nous occupe, les tiers n'ont aucune faute à se reprocher, puisqu'ils sont forcés de répondre à l'action de la femme. On ne saurait, sans l'injustice la plus criante, affranchir l'immeuble dotal des frais d'un procès que la femme a le droit d'intenter et de soutenir.

Pour déterminer l'étendue de l'action que les tiers auraient le droit d'exercer pendant le mariage sur les biens dotaux, il faut distinguer si la femme agit dans le procès avec l'autorisation de son mari, ou avec l'autorisation de justice. Dans le premier cas, le mari ayant lui-même compromis, par son consentement, ses droits à la jouissance du fonds dotal, l'action pourrait porter sur la pleine propriété ; dans le second cas, la nue propriété seule serait soumise à la saisie.

99. A ces exceptions au principe de l'inaliénabilité du fonds dotal, ne pourrait-on pas ajouter le cas où la femme, légalement autorisée, a accepté purement et simplement une succession grevée de dettes? Dans ce cas, les créanciers du défunt ne pourraient-ils pas exercer leurs poursuites sur les biens dotaux après l'épuisement des biens de la succession ? Sous l'empire de l'ancienne jurisprudence, Rous-

silhe a soutenu l'affirmative (1). Cependant, cet auteur fait une exception à l'égard des fruits, qui restent à l'abri des poursuites des créanciers de la succession, lorsque le mari a refusé d'autoriser sa femme. Cette doctrine ne saurait être suivie aujourd'hui. Il n'existe aucun motif pour suppléer au silence de l'art. 1554. Les tiers, il est vrai, n'ont pas de faute à s'imputer, puisque l'obligation de la femme à leur égard ne résulte pas d'un contrat ; mais ils n'éprouvent aucun préjudice, puisqu'ils n'ont dû compter que sur les biens de la succession. D'ailleurs, il serait injuste de leur accorder le droit d'exproprier les biens dotaux, au préjudice des propres créanciers de la femme, qui sont obligés d'attendre la dissolution du mariage pour exercer des poursuites sur ces mêmes biens. Il est vrai qu'il peut y avoir un assez grand danger pour les créanciers de la succession, à ce que la femme se saisisse de leur gage. Mais ils auront la ressource de demander la séparation des patrimoines, dont l'effet sera d'empêcher la confusion, et de soumettre les biens du défunt à une administration distincte, jusqu'à ce que tous leurs droits soient liquidés.

---

(1) T. 1, p. 368 et 425.

Il est bien évident que si une femme s'était constitué en dot tous ses biens présents et à venir, les créanciers du défunt pourraient exercer leurs poursuites sur les immeubles de la succession, quoiqu'ils fussent devenus dotaux. *Non bona intelliguntur nisi deducto ære alieno.*

100. D'après le cinquième alinéa de l'article 1556, une partie des immeubles dotaux peut être encore aliénée pour faire les grosses réparations indispensables à la conservation du reste.

Les réparations d'entretien sont à la charge du mari comme usufruitier, il doit même, en cette qualité, faire l'avance des frais des grosses réparations, sauf son indemnité contre la femme à la dissolution du mariage. Il suit de là que le tribunal ne devra, dans l'hypothèse, permettre l'aliénation de l'immeuble dotal, qu'après qu'il aura été constaté par des experts que les réparations à faire sont réellement de grosses réparations, et que, d'ailleurs, le mari n'a pas des ressources suffisantes pour les entreprendre (1). Il peut arriver qu'au lieu de provenir, comme à l'ordinaire, de la vétusté ou de la force majeure, le délabrement des biens dotaux, qui nécessite ces grosses répa-

---

(1) M. Tessier, t. 1, p. 426.

rations, ne doive être attribué qu'à la négligence du mari. Dans ce cas, l'aliénation d'une partie du fonds dotal pourra être également permise, mais la femme aura le droit de demander une indemnité au mari ou à ses héritiers.

101. Le dernier cas dans lequel l'art. 1558 autorise l'aliénation de l'immeuble dotal, est le cas où cet immeuble se trouve indivis avec les tiers et qu'il est reconnu impartageable.

Le tribunal doit ordonner la licitation par cela seul qu'elle est provoquée, quand même la demande émanerait des époux (1). Nul n'est tenu de rester dans l'indivision; c'est là un principe d'ordre public. La justice n'intervient que pour examiner s'il ne peut pas être procédé à un partage en nature, et si l'immeuble est réellement impartageable, ce qui a lieu par un rapport d'experts désigné par le tribunal (2).

102. La licitation peut avoir des effets différents pour les époux. En effet, l'immeuble peut être adjugé en totalité à la femme, ou à son copropriétaire, ou même au mari. Nous allons examiner séparément ces divers cas.

Si la femme est adjudicataire de l'immeuble,

---

(1) Contra, Cass., 23 août 1830.
(2) M. Duranton, 15, 505.

sera-t-il dotal pour le tout, ou seulement jusqu'à concurrence de la part indivise dont elle
était propriétaire avant la licitation ? Il faut
distinguer : si la femme a constitué en dot tous
ses biens présents, et si l'immeuble licité était
compris dans une succession déjà ouverte au
moment du mariage, l'immeuble sera dotal
pour le tout. Il en serait de même si l'immeuble
faisait partie d'une succession ouverte pendant
le mariage, dans le cas où la constitution de
dot comprendrait les biens à venir. Mais si la
femme copropriétaire d'un certain immeuble
a déclaré se le constituer en dot pour la part
qu'elle y avait, par exemple pour son tiers,
son quart, l'immeuble ne sera dotal que pour
cette part, et paraphernal pour le reste ;
autrement la dot se trouverait augmentée pendant le mariage. D'ailleurs c'est par un titre
nouveau que l'excédant, la portion qui n'était
pas dotale, arrive à la femme ; vainement
exciperait-on de l'art. 883, cet article concerne les héritiers dans leurs rapports entre eux,
la fiction qu'il contient ne doit pas être étendue
au delà du cas pour lequel elle a été faite, et
ne peut être invoquée quand il s'agit de droits
créés par le contrat de mariage (1).

103. Si le mari s'est rendu seul et en son

_____

(1) M. Duranton, 15, 363-364.

nom personnel adjudicataire de l'immeuble, la femme, d'après la dernière disposition de l'art. 1408, aura le choix au moment de la dissolution du mariage, ou d'abandonner l'immeuble aux héritiers du mari, lesquels deviendront débiteurs de la portion appartenant à la femme dans le prix, ou de retenir cet immeuble en remboursant le prix d'acquisiton ainsi que les frais et loyaux coûts. Mais d'après les principes exposés plus haut, dans le cas qui nous occupe, l'immeuble ne devient dotal que pour la part indivise dont la femme était propriétaire.

104. Si l'immeuble indivis a été adjugé à l'un des copropriétaires, la part qui revient à la femme dans le prix sera substituée à la portion qu'elle avait dans l'immeuble.

105. Dans les différentes hypothèses prévues par l'art. 1558 et 1559, nous appliquerons les règles générales du remploi sur la responsabilité des tiers. En effet, nous avons vu qu'en matière dotale le remploi est une des conditions essentielles de la validité de l'aliénation (1).

Cependant, dans le cas de licitation, il faut distinguer si elle a eu lieu au profit d'un

---

(1) Troplong, 4, 3487; Aix, 10 février 1832. Contra, M. Benech, de l'emploi et du remploi de la dot, p. 408.

copropriétaire ou d'un cohéritier, ou bien au profit d'un étranger. Dans le premier cas, l'adjudicataire de l'immeuble dotal n'est pas tenu de garantir l'emploi du prix. Il s'agit ici de régler les rapports entre les copropriétaires et les cohéritiers, on doit donc appliquer la fiction de l'art. 883, d'après laquelle chacun est réputé propriétaire de ce qui est tombé dans son lot. D'ailleurs, s'il en était autrement, l'égalité dans le partage ne subsisterait plus, puisque chacun des copartageants se trouverait exposé au recours de la femme en cas d'insuffisance du remploi, et menacé de payer une seconde fois la portion du prix correspondant à sa part indivise dans l'immeuble licité (1). Mais lorsque l'adjudication a lieu en faveur d'un étranger, elle doit être considérée comme une véritable vente, et le défaut d'emploi peut servir de fondement à une action en nullité de l'aliénation.

106. L'immeuble acquis en remploi sera dotal et inaliénable comme l'immeuble primitivement constitué en dot. M. Tessier (2) a prétendu le contraire en s'appuyant sur l'art. 1853, d'après lequel l'immeuble acquis des deniers dotaux,

---

(1) Contra, M. Troplong, 4, 3500. V. aussi Cass. req., 1er mars 1832 (D., 32, 1, 405).

(2) T. I, n° 48.

n'est pas dotal, si la condition d'emploi n'a pas été stipulée dans le contrat de mariage. Mais c'est là une erreur manifeste.

Dans le cas prévu par l'art. 1553, il s'agit d'une dot primitivement aliénable, et qui, par conséquent, ne peut être remplacée par une dot inaliénable. Dans notre hypothèse, au contraire, la dot dans l'origine était frappée d'inaliénabilité. Les deux solutions sont parfaitement concordantes : la nature de la dot ne doit pas changer par l'emploi ; *subrogatum sumit naturam subrogati.*

107. Les formalités prescrites par l'art. 1558 sont exigées sous peine de nullité. Mais si le tiers, qui a traité avec la femme relativement aux biens dotaux, s'y est conformé, doit-il être à l'abri de toute action de sa part ?

La question ne peut s'élever qu'à l'égard des tiers, en faveur desquels la femme aurait consenti une hypothèque sur l'immeuble dotal, à la suite d'une autorisation de justice qu'elle prétendrait dénuée de fondement. En effet, nous allons voir que le principe de l'inaliénabilité dotale ne peut prévaloir contre la stabilité des ventes judiciaires, et que la femme n'a pas le droit de revenir contre les adjudications consommées de l'immeuble dotal.

108. Il ne faut pas croire que le tiers qui a prêté à la femme sur hypothèque du bien dotal,

puisse se reposer avec sécurité sur le jugement d'autorisation. Si la femme se bornait à attaquer le jugement en se fondant sur l'inexactitude des faits qui ont servi de base à l'autorisation de consentir l'emprunt hypothécaire, elle ne serait pas recevable dans son action. Il n'y aurait plus moyen de contracter avec la femme, si les tiers voyaient remettre en question des faits qu'ils n'ont pu vérifier, et qu'ils ont dû tenir pour avérés sur la déclaration du tribunal chargé de les apprécier ; c'est ce que la Cour de cassation a jugé dans une espèce où un tiers avait prêté de bonne foi à la femme dûment autorisée, pour délivrer le mari d'une incarcération qui n'était pas sérieuse. Dans ce cas, la femme conserverait seulement son recours contre les auteurs ou complices des manœuvres qui auraient lésé ses intérêts (1).

100. Mais, si l'autorisation était intervenue dans un cas où l'inaliénabilité de la dot n'aurait pas reçu d'exception, la question de savoir si elle est également inattaquable devrait être résolue dans un sens négatif. Le tribunal, en se plaçant ouvertement en dehors des conditions de l'art. 1558, s'est mis au-dessus de la loi, et une règle d'ordre public a été violée. Les tiers

---

(1) MM. Troplong, 4, 3493 ; Marcadé sur 1558 ; Cass., 23 Juillet 1842 (D., 42, 1, 755).

133

n'ont pas prudemment agi en aventurant leurs deniers entre les mains de la femme, sans consulter le titre sur lequel elle s'appuyait pour emprunter, et où ils auraient pu reconnaître l'erreur de la justice. Il faut avouer que, dans ce cas, qui se présentera, d'ailleurs, rarement, les conséquences de la dotalité se font sentir avec une rigueur extrême contre les tiers.

110. Nous devons signaler une nouvelle exception au principe de l'inaliénabilité dotale résultant de l'art. 728 du Code de procédure, qui remplace l'ancien art. 733 du même Code modifié par la loi du 2 juin 1841 sur les ventes judiciaires.

On sait qu'aux termes de cet article, en matière de saisie immobilière, les moyens de nullité tant en la forme qu'au fonds, contre la procédure qui précède la publication du cahier des charges, doivent être proposés, à peine de déchéance, trois jours au plus tard avant cette publication.

Faut-il faire à l'action en nullité dérivant de la dotalité du bien saisi une situation privilégiée, et l'affranchir des conditions exigées par l'art. 728 ? Cette question s'est présentée plusieurs fois et a été l'objet de vives controverses. Deux principes d'ordre public se trouvent en présence, dont l'un commanderait le maintien de l'adjudication dans l'intérêt de la stabilité des ventes judiciaires, tandis que l'autre en exigerait l'annulation dans l'intérêt de la conservation de la dot. Lequel des deux doit céder à l'autre ? Sous l'empire de l'ancien art. 733, beaucoup moins explicite que le nouvel art. 728, la jurisprudence repoussait toute distinction entre les nullités de forme et les nullités de fond, et décidait que la femme ne pouvait se prévaloir de la dotalité de l'immeuble pour faire annuler la saisie. Sur le terrain de l'art. 728, le combat paraît difficile à soutenir dans l'intérêt de la dotalité, puisque, aux termes de cet article, le délai de déchéance s'applique aux nullités, *tant en la forme qu'au fonds*.

Cet argument de texte a d'autant plus de force qu'au moment où le législateur de 1841 donnait ainsi une formule absolue à la déchéance écrite dans l'art. 728, il était en présence des difficultés soulevées dans la jurisprudence par le moyen de nullité emprunté à la dotalité des immeubles saisis.

Pour mettre la femme à l'abri de cette déchéance, on a imaginé de recourir à une demande en distraction, et de la présenter comme un tiers, dont l'immeuble aurait été indûment saisi. Ce moyen ne manquerait pas de force si l'immeuble avait été saisi sur le mari seul, comme étant sa propriété. Mais, lorsque les poursuites ont été dirigées conjointement contre les deux époux, il est impossible d'admettre cette prétention de la part de la femme, de se faire considérer comme un tiers relativement à la procédure d'expropriation.

La demande en revendication doit donc être repoussée, et la seule voie qui lui soit ouverte, pour se faire réintégrer dans l'immeuble dotal saisi sur elle, est l'action en nullité, demande soumise dès lors aux délais déterminés par le Code de procédure (1).

Il y a là sans doute une grave atteinte à la dotalité. La femme qui aurait été dans l'impuissance de réaliser l'aliénation de son immeuble par la manifestation la plus énergique et la plus expresse de sa volonté, se trouve en perdre irrévocablement la propriété par l'effet de la présomption d'un consentement tacite. Mais cette anomalie apparente s'explique par le caractère de la déchéance écrite dans l'art. 728, qui est fondée sur des motifs d'utilité publique de la plus haute importance. La nécessité de fixer le sort des propriétés en exigeait impérieusement l'application. Il fallait maintenir la solidité des ventes judiciaires et la sûreté du gage hypo-

---

(1) Rouen, 26 juin 1834; Caen, 14 mai 1849.

thécaire dont dépend l'existence du crédit
foncier.

La déchéance de l'art. 728 est d'ordre public,
voilà pourquoi le silence et l'inaction de la
femme sont placés au-dessus d'un consentement
direct et formel. C'est ainsi que l'espèce d'ac-
quiescement tacite qui résulte de l'expiration
du délai d'appel, est opposable à ceux-là mêmes
qui n'auraient pas pu consentir un acquiesce-
ment formel (1).

111. L'article 1559 établit une dernière
exception au principe de l'inaliénabilité de la
dot, pour le cas où les époux désirent échanger
l'immeuble dotal.

L'échange peut présenter aux époux de
grands avantages ; par exemple : en leur pro-
curant le moyen de substituer un bien situé
dans l'arrondissement qu'ils habitent, à un
immeuble dotal qui se trouve dans un arrondissement éloigné : on ferait donc tourner
contre la femme un principe établi en sa faveur,
si l'on n'admettait, pour le cas d'échange, une
nouvelle exception au principe de l'inaliénabilité. La demande doit être portée devant le
tribunal du domicile des époux, quoique les
immeubles à échanger soient situés dans un

---

(1) V. en ce sens deux arrêts de la Cour de cass., l'un du 5 mai 1846
et l'autre du 30 avril 1850. *Contra*, Dalloz, note sur ces arrêts.

autre ressort, car elle tend à obtenir l'autorisation de souscrire un contrat, et, par conséquent, elle est personnelle ; cette demande
doit être formée par la femme avec l'autorisation de son mari. Pour qu'elle soit accueillie,
la loi n'exige pas qu'il y ait nécessité, comme
dans le cas de vente ; il suffit qu'il y ait simple
utilité : si le tribunal reconnaît cette utilité, il
nomme d'office, après avoir entendu le ministère public, trois experts pour constater la valeur
des immeubles.

S'il résulte du rapport des experts, que
l'immeuble dotal excède de plus d'un cinquième la valeur de celui qu'il s'agit d'acquérir, l'autorisation est refusée : dans le cas
contraire, c'est-à-dire, si la différence est
moindre, on l'accorde ; l'immeuble acquis en
contre-échange devient de plein droit dotal,
et le mari est tenu de faire emploi de l'excédant
du prix. Le coéchangiste doit surveiller cet
emploi.

La loi ne statue pas sur le cas où la valeur
du fonds acquis en contre-échange serait supé-
rieure à celle du fonds dotal ; mais il est évident que l'échange peut être permis dans ce
cas ; seulement, comme aux termes de l'article 1543, la dot ne peut être augmentée pendant le mariage, il n'y aura de dotal que la
partie du nouvel immeuble correspondant à
la valeur de l'immeuble constitué en dot.

112. En cas d'éviction du fonds reçu en contre-échange, le mari peut à son choix, en exerçant l'action en garantie dans l'intérêt de la femme, conclure à des dommages-intérêts ou répéter le fonds donné en échange. Vainement allèguerait-on que le mari, en concluant à des dommages-intérêts, enfreindrait le principe de l'inaliénabilité ; le mari n'aliène rien, puisque le fonds donné en échange a cessé d'être dotal, dès le moment où l'échange a été consommé avec l'autorisation de justice. Refuser ce droit au mari, représentant légal de sa femme, ce serait dépouiller celle-ci d'une option qui peut lui être avantageuse. Mais comme l'indemnité qui est due par suite de l'éviction représente, pour une partie, la valeur de l'immeuble, que la femme aurait le droit de réclamer, et constitue dès lors un véritable prix de vente; le jugement qui accorde des dommages-intérêts doit en prescrire l'emploi, et l'échangiste ne peut dès lors se libérer qu'en veillant à ce que cet emploi ait lieu. Dans le cas inverse, c'est-à-dire si le coéchangiste qui a reçu l'immeuble de la femme vient à en être évincé, il peut à son choix exciper de l'art. 1705 et revendiquer l'immeuble ou bien réclamer le payement des dommages-intérêts. En un mot, le contrat d'échange passé en exécution de l'art. 1599 est aussi régulièrement cimenté que s'il était in-

tervenu entre personnes dont la capacité n'était gênée par aucune entrave, et en conséquence, il doit produire tous ses effets ordinaires (1).

SANCTION DE L'INALIÉNABILITÉ DE LA DOT.

113. Nous venons d'exposer les règles générales qui gouvernent l'inaliénabilité des biens dotaux ; il ne nous reste plus maintenant qu'à déterminer quelle est la sanction de ce principe. Le législateur l'a établie dans les termes suivants :

« Si, hors les cas d'exception qui viennent d'être expliqués (1555-1559), la femme ou le mari, ou tous les deux conjointement aliènent le fonds dotal, la femme ou ses héritiers pourront faire révoquer l'aliénation après la dissolution du mariage, sans qu'on puisse leur opposer aucune prescription pendant sa durée. La femme aura le même droit après la séparation de biens.

« Le mari lui-même pourra faire révoquer l'aliénation pendant le mariage, en demeurant néanmoins sujet aux dommages et intérêts de l'acheteur, s'il n'a pas déclaré dans le contrat que le bien vendu était dotal. »

------

(1) Toullier, n° 223 ; Scrizial, n° 180.

L'art. 1560 prévoit trois hypothèses que nous allons examiner séparément.

Le fonds dotal peut avoir été aliéné par le mari seul, ou conjointement par les deux époux, ou par la femme non autorisée.

114. Dans le premier cas, d'après les principes du droit commun, l'aliénation est frappée d'une nullité absolue, puisqu'elle émane d'une personne qui n'était pas propriétaire. Mais contrairement à la règle : *eum quem de evictione tenet actio, eumdem agentem repellit exceptio*, le mari a le droit de poursuivre lui-même la nullité de l'aliénation qu'il a consentie. La loi, en lui accordant cette faculté, a eu principalement en vue l'intérêt de la femme et celui des enfants. Le mari agit bien moins en son nom personnel qu'en qualité de chef de l'union conjugale et de mandataire légal de sa femme. Quant à celle-ci (et cette observation s'applique aux trois hypothèses prévues par notre article), elle ne peut agir en nullité de l'aliénation qu'après la dissolution du mariage ou la séparation de biens prononcée par jugement, car c'est seulement à cette époque qu'elle recouvre l'administration de ses biens et l'exercice de ses actions dotales.

Si le mari a fait connaître dans le contrat le caractère du bien vendu, il n'est pas soumis à des dommages et intérêts envers l'acheteur,

toute action que l'on dirigerait contre lui à cet
égard serait mal fondée (1), même pour les frais
et loyaux coûts, à moins qu'il n'eût déclaré que
le pouvoir de vendre lui avait été conféré par
le contrat de mariage (2). Mais si la déclaration
de dotalité n'a pas eu lieu dans l'acte d'acquisition, comme l'exige impérativement l'art. 560,
le mari, pour s'affranchir de l'indemnité, ne
serait pas admis à prouver que l'acquéreur
connaissait, par d'autres circonstances, la nature de l'immeuble. En effet, il résulte des travaux préparatoires du Code, que le législateur
a voulu écarter la règle de l'art. 1599, qui, en
cas de vente de la chose d'autrui, exempte le
vendeur de tous dommages et intérêts, quand
l'acheteur n'a pas ignoré le vice de la chose.
La première rédaction de notre article disait
que le mari serait sujet aux dommages-intérêts
si l'acheteur avait ignoré le vice de l'achat. Mais
le Tribunat demanda de substituer à cette condition cette autre : *si le mari n'a pas déclaré
dans le contrat que le bien vendu était dotal* ; et
il motivait sa demande par cette raison, entre
autres, que *ce serait un moyen de détourner le mari
du dessein de vendre le bien dotal* (3). On ne peut

(1) M. Duranton, 15-524; *Contra,* Merlin, rép. 2ᵉ, Dot, § 8, nº 5.
(2) Grenoble, 13 février 1846.
(3) Fenet, t. 13, p. 591 et 609.

soutenir qu'il n'y a là qu'une opinion du Tribunat, n'ayant dès lors qu'une valeur doctrinale, puisque sa proposition a été accueillie par le législateur et est devenue la loi (1).

L'acquéreur qui a connu la dotalité de l'immeuble par la déclaration insérée dans le contrat pourrait néanmoins exiger la restitution du prix, à moins qu'il n'eût acheté à ses risques et périls. Dans ce cas, il ne sera pas recevable dans sa demande, et peu importe que la nullité de la vente eût été prononcée à la requête de la femme ou de ses héritiers, ou que le mari lui-même ait intenté l'action, puisque ce dernier est le mandataire légal de sa femme. Seulement l'acquéreur pourrait être admis à prouver par tous les moyens qu'il y a eu collusion entre les époux pour s'approprier le prix de vente, et s'enrichir à ses dépens.

Lorsque l'aliénation émane du mari seul, l'acheteur, qui a ignoré le vice du contrat, peut demander lui-même la nullité de la vente, conformément à l'art. 1599, qui déclare la vente de la chose d'autrui radicalement nulle. De cette nullité absolue, il résulte que l'action qui appartient à la femme est une action en revendication, et que la prescription étant acquisitive s'accomplira par 30 ans si l'acheteur

---

(1) Contra, M. Troplong (4, 3535-3538).

est de mauvaise foi, et par 10 ou 20 ans s'il est de bonne foi.

115. Si l'aliénation a été faite avec le concours des deux époux, nous appliquerons les mêmes règles sur la responsabilité du mari envers l'acquéreur, quoiqu'il ne soit pas personnellement vendeur, et qu'il n'ait fait qu'intervenir au contrat pour autoriser sa femme. On ne peut argumenter ici comme sous le régime de communauté de la règle : *qui auctor est non se obligat* ; la vente du bien dotal est un acte illicite, et l'autorisation du mari n'a pu être donnée sans complicité. D'ailleurs, l'art 1560 ne distingue pas, et par conséquent le mari ne doit être affranchi de toute indemnité que s'il n'a pas participé à l'acte de vente (1). Cette rigueur à l'égard du mari sera, selon l'expression du Tribunat, un moyen efficace pour le détourner du dessein de vendre l'immeuble dotal. Seulement dans ce cas, la contrainte par corps ne peut être prononcée contre lui, comme dans le cas où il a vendu seul, car il ne peut être réputé stellionnataire.

Si la femme a vendu l'immeuble dotal sans l'autorisation de son mari, la vente est nulle

---

(1) Nîmes, 7 mai 1829 ; rej., 11 juillet 1826. Tessier, note 799. *Contra*, M. Valette (Rev. étr. et franç., t. 7, 1840, note de la page 241).

à double titre, pour défaut de capacité et pour inaliénabilité de la chose.

116. Dans les deux derniers cas, la femme ne sera tenue à aucun dommages-intérêts envers l'acheteur, lors même qu'elle aurait garanti la vente d'une manière expresse; en effet, lui imposer l'obligation de payer une indemnité, ce serait la contraindre d'abandonner l'immeuble dotal, pour éviter d'être poursuivie sur ses paraphernaux. Telle était la règle du droit de Justinien. Il faut, disait-il, que la femme soit complétement indemne, que, tout ce qui s'est dit et fait, soit pour elle non avenu, et que le recours, qu'il est juste d'accorder aux acquéreurs évincés, ne s'exerce que contre le mari : «*Mulier sit omnino indemnis ; obligationem, quantum ad mulierem, neque dictam, neque scriptam esse volumus ; tamen ipsos viros in aliis rebus obligari* (Nov. 61, § 2 et 4). Par ces raisons, nous devons décider que la femme n'est pas même tenue de la restitution du prix, à moins qu'il ne soit prouvé que ce prix a tourné à son profit personnel, auquel cas le tiers évincé peut agir, mais seulement sur les biens paraphernaux (1).

---

(1) Dans tous les cas où l'acquéreur de l'immeuble dotal a le droit de demander la restitution du prix, il ne peut retenir l'immeuble jusqu'au remboursement. L'indemnité qui lui serait due pour impenses nécessaires ou améliorations du fonds, ne pourrait non plus être un obstacle au délaissement immédiat. L'immeuble dotal ne peut être frappé d'aucun droit de rétention, quelque favorable que soit la cause qu'on invoque ; c'est la conséquence du principe d'inaliénabilité.

La nullité étant uniquement relative à l'intérêt de la femme et des enfants, ne peut être demandée par l'acquéreur, à moins qu'il n'ait été conduit par des manœuvres frauduleuses à contracter dans l'ignorance de cette dotalité. Le dol et la fraude sont en dehors des prévisions de la loi.

L'action en révocation, qui ne saurait appartenir aux créanciers du mari, puisque celui-ci ne l'exerce qu'au nom de sa femme, ne peut non plus être exercée par les créanciers de celle-ci et doit être considérée comme exclusivement attachée à la personne.

L'action dure dix ans à partir de l'époque où la femme recouvre sa liberté d'agir, c'est-à-dire, selon nous, à partir de la dissolution du mariage ou de la séparation de biens. La femme ne vient plus, comme dans l'hypothèse précédente, réclamer le délaissement d'un immeuble vendu sans aucun titre par le mari; elle demande, en alléguant son défaut de capacité, la nullité d'une vente qu'elle a librement consentie. Comme la nullité n'est que relative, et que la femme devenue capable peut ratifier expressément ou tacitement l'aliénation, celui qui cautionne la vente de l'immeuble est valablement engagé, comme lorsque le cautionnement intervient pour l'obligation d'un mineur.

117. Dans les différents cas que nous venons

d'examiner, le droit d'exercer la revendication des biens dotaux, ou l'action en nullité de l'aliénation qui en aurait été consentie, passe aux héritiers de la femme. Le mari lui-même pourra hériter de cette action, mais il ne sera admis à l'exercer qu'autant qu'il ne serait pas soumis à la garantie d'éviction envers l'acquéreur des biens dotaux ; *Quem de evictione tenet actio, eumdem agentem repellit exceptio.* Il en serait de même de la femme ou de ses représentants, qui auraient accepté purement et simplement l'hérédité du mari. Ils ne pourraient agir en revendication, dans le cas où ils auraient succédé à la même obligation de garantie. et peu importerait qu'ils offrissent de désintéresser l'acquéreur pour la part suivant laquelle ils seraient tenus des dettes et obligations du mari, car la garantie est une et indivisible de sa nature (1). On trouvera la solution de toutes les difficultés qui pourraient s'élever à ce sujet dans la combinaison des principes relatifs à la succession des dettes et à la responsabilité du vendeur.

118. D'après le premier alinéa de l'art. 1561, « les immeubles dotaux non déclarés aliénables par le contrat de mariage, sont imprescriptibles

---

(1) V. Tessier, t. 2, nº 83.

pendant le mariage, *à moins que la prescription n'ait commencé auparavant.* »

Cette partie de l'art. 1561 fut attaqué par Tronchet comme contraire aux règles du droit commun, d'après lequel la prescription devrait être suspendue; en effet, lorsqu'un bien possédé par un tiers qui est en train de le prescrire, se trouve tout à coup frappé d'imprescriptibilité par minorité, la prescription est dès cet instant suspendue, et ne peut reprendre son cours qu'à partir du jour où l'imprescriptibilité cesse. Mais Treilhard fit observer que cette suspension de prescription aurait des effets extraordinaires; que si, par exemple, la prescription avait commencé trois ans avant le mariage, et si le mariage avait duré cinquante ans, il en résulterait qu'elle ne s'accomplirait que vingt-sept ans après la dissolution du mariage et qu'ainsi l'action aurait duré quatre-vingts ans (1). L'intérêt public et la nécessité de fixer le sort des propriétés ont donc motivé cette exception aux principes de l'imprescriptibilité (2). La femme n'a, dans ce cas, que l'action en garantie, quoique son mari soit insolvable; mais si avant que

---

(1) Villarg., t. 6, p. 167.

(2) Cette exception à l'imprescriptibilité peut aussi se justifier par ce motif, que la convention dotale étant à l'égard du tiers possesseur *res inter alios acta*, ne doit pas lui préjudicier en lui enlevant l'espoir de conserver l'immeuble qu'il possède.

la prescription fût accomplie, elle décédait laissant des enfants mineurs, il y aurait suspension par minorité (1).

Dans la rédaction primitive du projet, le principe que l'immeuble dotal inaliénable est imprescriptible pendant le mariage, à moins que la prescription n'ait commencé auparavant, composait à lui seul l'art. 1561. D'après ce système, l'imprescriptibilité était une conséquence naturelle de l'inaliénabilité, comme l'indique la loi 16, D., *De fundo dotali : Lex Julia quæ vetat fundum dotalem alienari, pertinet ad hujusmodi alienationem* (aliénation par suite d'une longue possession). L'art. 1561 eût été ainsi en parfaite harmonie avec l'art. 1560 qui proclame également le principe d'imprescriptibilité tant que dure le mariage; mais sur la proposition du Tribunat, on ajouta à l'art. 1561 le § 2 : « Les immeubles dotaux deviennent néanmoins prescriptibles après la séparation de biens, quelle que soit l'époque à laquelle la prescription a commencé (2). Ainsi l'inaliénabilité de l'immeuble n'est pas un obstacle à ce que la

---

(1) Tessier, t. 2, p. 101.

(2) Cet article est mal rédigé, et ces derniers mots : « *quelle que soit l'époque à laquelle la prescription a commencé,* » présentent un sens amphibologique. Il faut les entendre ainsi : *La possession, quoique commencée pendant le mariage, commencera à devenir utile pour la prescription à partir du jour de la séparation de biens.*

prescription s'accomplisse en faveur du tiers possesseur après la séparation de biens. La loi a voulu protéger la femme contre une aliénation directe, qui peut se faire en un seul instant, sans réflexion, sous l'influence du mari, et dans le but de se procurer une somme d'argent dont les époux auront la faculté de disposer à leur gré. L'aliénation par prescription ne présente aucun de ces dangers. D'ailleurs l'intérêt public exigeait que le sort des propriétés ne restât pas dans l'incertitude pendant toute la durée du mariage; la femme qui reprend l'administration de ses biens et l'exercice des actions dotales doit supporter les conséquences de sa négligence (1).

Cependant la règle que le fonds dotal est prescriptible après la séparation de biens, doit être entendue avec un certain tempérament, car elle est modifiée dans son application par deux autres principes de droit commun : 1° la prescription ne court point entre la femme pendant le mariage, même après la séparation

---

(1) Cependant, on ne peut pas dire d'une manière absolue que l'imprescriptibilité de l'immeuble jusqu'à la séparation de biens ne se rattache en rien au principe d'inaliénabilité. Si le but de la loi avait été uniquement de protéger la femme contre la négligence du mari, la suspension de prescription aurait dû s'appliquer aussi bien aux immeubles aliénables qu'aux immeubles inaliénables. Il y a même danger pour la femme.

de biens, toutes les fois que l'action serait de nature à réfléchir contre le mari (2256) (1). L'exercice de l'action devant nuire au mari, on considère la femme comme étant dans l'impossibilité morale d'agir, et par application de la règle : *contra non valentem agere non currit præscriptio*, la prescription est suspendue à son profit jusqu'au jour de la dissolution du mariage. 2° L'action qu'a la femme pour attaquer les actes qu'elle a consentis sans autorisation de son mari, ne devient aussi prescriptible qu'à compter du jour de la dissolution du mariage. La femme ayant fait un acte contraire à la puissance maritale, n'oserait pas exercer son action en nullité, même après la séparation de biens, dans la crainte d'éveiller l'attention de son mari, et de porter à sa connaissance un fait qu'elle a tant d'intérêt à cacher.

119. Mais hors ces deux exceptions, qui se justifient par l'impossibilité morale d'agir, la disposition de l'art. 1561 s'applique à tous les cas de prescription, aussi bien à la prescription libératoire de l'action en nullité, qu'à la prescription acquisitive. Le texte est formel et ne nous semble présenter aucun doute.

Cependant des jurisconsultes d'un grand mé-

---

(1) Il faut supposer que la vente a été autorisée mal à propos par la justice, ou qu'elle s'est faite aux risques et périls de l'acheteur.

rite ont pensé que la séparation de biens ne lève pas dans tous les cas l'obstacle de l'imprescriptibilité. Dans leur opinion, l'art. 1561 ne recevrait d'application qu'en faveur des tiers possesseurs, qui ne tiennent pas leurs droits d'un contrat passé avec les époux ; mais à l'égard de ceux qui ont traité avec les époux eux-mêmes, et qui ont passé avec eux un contrat vicieux, on doit rester dans la règle des art. 1560 et 1304 qui suspendent la prescription pendant toute la durée du mariage. A l'appui de leur doctrine, ces auteurs ajoutent que d'après les art. 1304 et 1115 combinés, la prescription de l'action en nullité n'est qu'une ratification tacite, et ne doit pas, pendant toute la durée du mariage, courir contre la femme qui, étant incapable de vendre l'immeuble dotal même avec le consentement de son mari, est tout aussi incapable de ratifier d'une manière tacite la vente qu'elle en aurait faite, en laissant écouler le délai de dix ans (1).

120. Il est facile de répondre à l'argument de texte tiré de l'art. 1560, si l'on remonte à l'historique de la rédaction de nos deux articles, et si

_____

(1) En supposant que la différence qu'on veut établir entre l'action en nullité et l'action en revendication fût fondée, ceux des auteurs que nous combattons, qui pensent que dans le cas où l'immeuble a été aliéné par le mari seul, la femme peut exercer une action en revendication, sont forcés d'admettre que cette hypothèse prévue par l'art. 1560 est réglée par l'art. 1561.

l'on consulte les motifs qui ont fait adopter la modification au principe de l'imprescriptibilité proposée par le Tribunat.

La loi 30 au Code *de jure dotium* admet toutes les prescriptions quelconques, usucapion, prescription de dix et vingt ans, prescription de trente et quarante ans à partir soit de la dissolution du mariage, soit de la séparation de biens, qui rend à la femme la libre administration de ses biens. Ainsi, d'après Justinien, la prescription commence à courir contre la femme, dès le moment où elle a recouvré la liberté d'agir.

Cette loi était suivie dans les pays de droit écrit (1), et ils se fondaient aussi sur le libre exercice des actions dotales par la femme.

Lorsque le projet de loi fut présenté à la séance du conseil d'État, le 4 brumaire an XII, les art. 169 et 170 de ce projet qui correspondent aux art. 1560 et 1561, passaient sous silence le cas de séparation de biens. Le Tribunat, qui voyait avec défaveur la règle de l'inaliénabilité, fit observer que le Code ne devait pas enchérir en cette matière sur l'ancienne jurisprudence, et réclama l'application

___

(1) V. Merlin, Quest. de droit, Prescription § 5, art. 5. À Bordeaux, les dix ans ne couraient que du jour du décès du mari, parce que la femme, quoique séparée de biens, ne recouvrait pas l'exercice des actions dotales (Tessier, notes 800 et 761, in fine).

des anciens principes sur la prescriptibilité de l'immeuble après la séparation de biens. C'est pour satisfaire à ces réclamations du Tribunat, que fut ajouté l'alinéa 2e de l'art. 1561 (1). Quant à l'art. 1560, d'après lequel la prescription ne peut s'accomplir pendant le mariage, évidemment il ne prévoit pas le cas de séparation de biens : ce qui le prouve, c'est qu'il suppose que le mari peut exercer les actions de la femme ; or il est manifeste que cela est impossible lorsque la séparation de biens a été prononcée; ce qui le prouve encore, c'est que dans la dernière partie du 1er alinéa de l'art. 1560, le législateur, songeant tout à coup au cas de séparation de biens, dit : « la femme aura le même droit après la séparation de biens. » Tout ce qui est relatif à la prescriptibilité de l'immeuble, après la séparation de biens, est réglé d'une manière complète par l'article 1561.

L'argument tiré de l'art. 1304 est dénué de fondement; cet article, en effet, s'applique uniquement à des espèces où la ratification qui interviendrait avant l'époque déterminée, serait entachée du même vice que celui qu'il s'agit de faire disparaître; mais dans les cas prévus par l'art. 1560, la femme une fois séparée de

---

(1) Fenet, t. 13, p. 619. Zachariæ, t. 3, p. 577, note 2.

biens a toute liberté d'action, liberté dont elle manque complétement, si l'on se place dans l'hypothèse de l'art. 1304.

Nous devons donc conclure qu'après la séparation de biens l'inaliénabilité du droit qui continue de subsister, ne met plus obstacle à ce qu'il se perde par prescription. Cette manière d'interpréter les art. 1560 et 1561 est au surplus la seule qui se rencontre d'accord avec l'art. 2255, qui, après avoir disposé que la prescription ne court point pendant le mariage, ajoute, conformément à l'art. 1561, indiquant par là qu'il se réfère à ce texte pour déterminer le point de départ des différentes prescriptions qui peuvent s'accomplir pendant le mariage. C'est à tort selon nous que l'on veut corriger cet article en renvoyant à l'art. 1560. Il est bien vrai que le renvoi primitif était à l'art. 1560, mais il est raisonnable de présumer que l'erreur se trouvait dans la rédaction provisoire plutôt que dans la rédaction définitive (1).

---

(1) V. plus amples développements sur cette question l'article publié par M. Valette dans la *Revue étrangère et française*, t. 7, 1840, p. 241 et suiv. V. aussi M. Troplong sur 1561. *Contra*, M. Duranton, 15, 349. Cass., 1er mars 1847, 4 juillet 1849 (Dev., 47, 1, 161 ; 50, 1, 283).

POSITIONS.

DROIT ROMAIN.

I. La loi 47, D., *de jure dotium*, est en antinomie avec la loi 3, princ., *de fundo dotali*, quoique les hypothèses prévues par ces deux textes ne soient pas les mêmes.

II. La *permutatio dotis ex re in pecuniam*, dont il est question dans la loi 32, D., *de jure dotium*, n'est plus permise du temps de Justinien.

III. La chose achetée des deniers dotaux n'est pas dotale; il n'y a pas antinomie entre la loi 12, C., *de jure dotium*, et la loi 54, D., *de jure dotium*.

IV. La femme ayant délégué son débiteur au mari, *dotis causa*, le risque de l'insolvabilité ne concerne pas le mari.

V. La loi 9, § 1, D., *de jure dotium*, ne peut pas se concilier avec la loi 2, § 8, *de donat.*, D.

VI. La décision de la loi 46, § 2, D., *de jure dolium*, n'a rien de spécial au père et doit être appliquée à tout autre personne.

VII. La loi 69, § 2, D., *de legatis*, peut se concilier avec la loi 48, § 1, D., *de jure dolium*.

DROIT CIVIL.

I. L'action en nullité fondée uniquement sur l'inaliénabilité de l'immeuble se prescrit à partir de la séparation de biens, conformément à l'art. 1561.

II. La femme mariée sous le régime de communauté peut stipuler valablement que ses immeubles propres seront inaliénables.

III. La réserve d'aliéner l'immeuble dotal insérée dans le contrat de mariage entraîne la faculté de l'hypothéquer.

IV. En matière de saisie immobilière, l'action en nullité fondée sur la dotalité du bien saisi doit être proposée, sous peine de déchéance, trois jours au plus tard avant la publication du cahier des charges.

V. Le mari peut provoquer, sans le concours de sa femme, le partage définitif des biens dotaux.

VI. Lorsque l'obligation de faire emploi des deniers dotaux a été stipulée dans le contrat de mariage, les débiteurs qui payent entre les mains du mari ne sont pas responsables de l'emploi.

VII. Lorsque le mari a été évincé de l'immeuble dotal, l'immeuble acquis en remplacement est inaliénable et imprescriptible comme l'immeuble primitivement constitué en dot.

VIII. Les frais des procès relatifs aux biens paraphernaux de la femme peuvent être recouvrés sur l'immeuble dotal pendant le mariage.

IX. Le donataire est tenu des charges *ultra vires*.

X. Les juges ne peuvent pas accorder de délais au débiteur quand la dette est constatée par un acte authentique en forme exécutoire.

DROIT CRIMINEL.

I. L'action civile résultant d'un crime se prescrit par le même laps de temps que l'action publique.

II. L'aggravation de la peine contre l'auteur d'un crime, par suite d'une circonstance à lui personnelle, ne doit pas être appliquée au complice nonobstant l'art. 59 du Code pénal.

DROIT COMMERCIAL.

I. La société en participation constitue une personne civile.

HISTOIRE DU DROIT.

I. La communauté entre époux a son origine dans les communautés serviles du moyen-âge.

DROIT ADMINISTRATIF.

I. La dépréciation permanente d'une propriété, causée par des travaux publics, ne constitue pas une expropriation proprement dite, qui doive s'opérer par autorité de justice, mais elle ne constitue qu'un dommage dont il appartient aux tribunaux administratifs de connaître.

II. Ceux auxquels un établissement insalubre et incommode cause un préjudice, peuvent réclamer des dommages-intérêts au propriétaire de cet établissement, alors que dans l'enquête *de commodo et incommodo*, ils ont élevé des réclamations qui n'ont pas été admises.

Vu par le Président de la thèse,
OUDOT.

Permis d'imprimer :
Vu par le Vice-Recteur de l'Académie,
CAYX.